IL CAPITALE CULTURALE

economia e società nella nostra epoca

Eugenio Benetazzo

ISBN 978-17-94615-03-8

Copyright © 2019 by Eugenio Benetazzo

Tutti i diritti sono riservati a norma di legge

Published by KDP, an Amazon Company

Revisione e progetto grafico: 02/2019

www.eugeniobenetazzo.com

a Elena
la luz que ilumina mis ojos

Introduzione	7

1. STORIE DAL MONDO

1.0	Mao ed il passero	9
1.1	Quelli della crescita	12
1.2	Syria and the pipelines	16
1.3	Questione di dimensioni	21
1.4	Alla conquista del mondo	26
1.5	One Belt One Road	31
1.6	Venezuela bonds	36

2. ITALIAN ECONOMY

2.0	La farsa dell'assistenza sanitaria	40
2.1	Rimini Rimini 30 anni dopo	43
2.2	Tagliate gli alberi alti	46
2.3	Quelli che se ne vanno	50
2.4	School for nothing	53
2.5	Disco sboom	56
2.6	Come gli etruschi	60
2.7	The fight between generations	64
2.8	Fenomenologia italiana	69
2.9	Inside Jobs Act	74

3. IMMIGRAZIONE

3.0	Diversamente bianchi	79
3.1	Quelli dei barconi	82
3.2	Hello Afrika	85

3.3	Fortezza W.A.S.P.	89
3.4	Replacement migration	93
3.5	Il capitale culturale	97

4. EVOLUZIONE SOCIALE

4.0	Control the fertility rate	102
4.1	Il toro gay	106
4.2	In pater we trust	109
4.3	Spermathon	114
4.4	El hombre felpudo	117
4.5	Economia del divorzio	123

5. TECNOLOGIA

5.0	Io e Tara	127
5.1	Two decades with mobile	131
5.2	Quel nuovo mondo	135
5.3	Sindrome F.O.M.O.	114
5.4	Vent'anni con il web	145
5.5	The genesis block	149
5.6	Uberisation	154

6. OLD ECONOMY

6.0	Real estate horror	159
6.1	The bank family	163
6.2	La tua vecchiaia	167
6.3	Alitalia forever	169
6.4	Proprio come lo sheriffo	174

7. MISCELLANEA

7.0	Merlo forex	179
7.1	Quello sporco brillocco	182
7.2	Evoluzione umana	187
7.3	Demografia portami via	191
7.4	Uomini e donne	195
7.5	Viviamo in oclocrazia	198
7.6	Fat Tax	202

Postfazione	206
Note sull'autore	210
Fonti di informazione	212
Altre opere dell'autore	213

INTRODUZIONE

Mi è capitato in più occasioni di ricevere numerose richieste da parte di lettori e studenti che pretendevano un mio libro che raccogliesse in modo ordinato ed **indicizzato per tematiche di narrazione** alcuni degli editoriali più letti e commentati che ho pubblicato negli ultimi tre anni.
Soprattutto l'istanza è pervenuta da genitori adulti che volevano un pratico pamphlet cartaceo da far leggere ai propri figli o a terzi conoscenti al fine di far conoscere molte delle mie analisi e considerazioni economiche pubblicate con periodicità settimanale relative allo scenario macroeconomico e socieconomico mondiale, che ovviamente anche loro condividono in toto.
Questa è l'essenza del Capitale Culturale: aggregare numerosi argomenti che sono stati oggetto di studio ed approfondimento unendoli per affinità e contiguità di argomentazioni in modo da creare un immaginario sentiero letterario di formazione ed informazione controcorrente.
Il pamphlet è per questo suddiviso in **sette grandi aree tematiche** che trattano una molteplicità di questioni economiche: globalizzazione, investimenti immobiliari, mercati finanziari, immigrazione, eurocrisi infinita, pensioni e welfare sociale, paesi emergenti, formazione scolastica, scenario politico italiano, divorzio, tecnologia ed infine digital economy.
Gli editoriali sono stati selezionati sulla base del consenso, diffusione ed apprezzamento ricevuto soprattutto all'interno dei principali social networks in cui sono stati inizialmente veicolati. Volontariamente è stata riportata su ognuno di loro anche la data di

originale pubblicazione in modo da consentire al lettore di rendersi conto di come **unendo i vari puntini nel tempo** si possa delineare e comprendere l'esistenza di un Nuovo Ordine Mondiale, che nel silenzio sta pianificando e controllando l'evoluzione della società umana. Inoltre la data di pubblicazione fa comprendere a posteriori la bontà e credibilità di quanto scritto in modo che le rimanenti proiezioni ed ipotesi di scenario (economico, politico e sociale) ricevano una significativa attenzione proprio per quanto già verificatosi dopo la pubblicazione.

Il titolo del pamphlet, derivato da un editoriale che trovate all'interno dell'opera, vuole far comprendere l'importanza strategica per una nazione, ed in taluni casi anche la necessità, di difendere e **proteggere la propria identità e ricchezza culturale**, rifiutando per questo di mischiarsi alle culture non autoctone provenienti da altre parti del mondo ancora ad oggi legate ad una struttura sociale arcaica e tribale.

Se avete figli adolescenti in procinto di dover scegliere un percorso di formazione scolastica, consiglio vivamente ai genitori di far leggere questo pamphlet in modo che possano avere un quadro esaustivo sul futuro che li aspetta: difficilmente la scuola italiana potrà aiutarli in tal senso. Lo stesso vale anche per chi si appresta ad uscire dal mondo del lavoro e sta pianificando come e dove vivere il resto della propria esistenza.

Eugenio Benetazzo
www.eugeniobenetazzo.com

STORIE DAL MONDO

*Se vuoi conoscere il valore del denaro,
prova ad andare a chiederlo in prestito*

Benjamin Franklin

MAO E IL PASSERO
pubblicato il 08.05.2014

Alcuni giorni fa ricorreva l'anniversario della nascita di Karl Marx, l'economista e sociologo di origini ebraiche i cui studi ed opere contribuirono ad influenzare in misura decisiva la formazione delle ideologie socialiste e comuniste durante il Novecento. Il pensiero principale di Marx, all'anagrafe conosciuto come Moses Kiessel Marx Mordechai Levi, è incentrato sulla contestazione della Teoria della Mano Invisibile di Adam Smith, ovvero quella legge astratta che regola il mercato e l'industria in modo armonico e naturale. Secondo Marx invece l'economia è governata da conflitti e lotte di classe tra chi ha il capitale e chi ne è privo e per questo deve alienare il proprio corpo per poterlo ottenere.

Il suo pensiero trova la massima espressione nella notissima opera denominata Das Kapital (Il Capitale), all'interno della quale viene analizzato il modo di produzione capitalistico con particolare descrizione sull'introduzione delle macchine in sostituzione agli operai all'interno dei processi produttivi, le quali creano un immiserimento crescente tra gli operai ed una forte disoccupazione che a sua volta abbassa ulteriormente i salari. Il sistema economico denominato comunismo e sue varianti, adottato da oltre 1/3 delle nazioni del mondo, ha incentrato la sua consistenza ed il suo sviluppo proprio grazie alle opere di Marx.

Il lavoro ed il pensiero di Marx, che con il tempo è stato considerato più un filosofo idealista che un economista, è stato nel corso del tempo ed è ancora oggi fonte di ispirazione per numertosi leader politici, Lenin, Stalin, Mao Tse Tung, Castro, Ceausescu, Tito, Hoxha, Kim Jong, Chavez. Una delle frasi più celebri di Winston Churchill è "il capitalismo è un'ingiusta ripartizione della ricchezza, mentre il comunismo è una giusta distribuzione della miseria". I due esponenti politici più fervidi credenti dell'ideologia marxista furono proprio Stalin e Mao Tse Tung che avevano grandi progetti di sviluppo e magnificenza per i loro paesi, Russia e Cina ed erano anche al tempo stesso anche nemici-amici. Tralasciando per ragioni espositive la Russia, il Grande Timoniere come venne battezzato dagli storici cinesi di allora proprio Mao Tse Tung, voleva rilanciare la Cina nel mondo come potenza mondiale partendo dalla collettivizzazione delle proprietà agricole che avrebbero consentito prodromicamente la nascita di un'industria rurale a base collettiva. In buona sostanza i terreni vennero espropriati ai grandi e piccoli proprietari e furono gestiti in ottica collettiva per i contadini nullatenenti con il fine di massimizzarne la produzione.

Diciamo che più di un esproprio si è trattato di un'opera di soppressione, oltre cinque milioni di persone vennero assassinate brutalmente per derubarle della proprietà delle terre, erano gli anni tra il 1950 ed il 1952. Successivamente Mao intraprese l'idea di far fare alla Cina un Grande Balzo in avanti nel 1958 puntando tutto sull'agricoltura a differenza della Russia che invece preferiva l'industria pesante. Le terre gestite in ottica collettiva dovevano ottenere la massima produttività agricola, per questo motivo Mao Tse Tung dichiarò guerra a tutto quello che poteva nuocere al conseguimento di questo risultato, a cominciare proprio dagli animali infestanti come il passero, reo di appropriarsi di preziosi chicci di riso e grano, e proclamato per questo nemico del popolo. Nei mesi seguenti vennero intraprese piani di abbattimento e caccia al povero docile pennuto da parte della popolazione cinese supportata addirittura dall'esercito. Si stima che in quell'anno vennero sterminati oltre dieci milioni di passeri e che le campagne risultarono finalmente liberate, pronte a generare grandi raccolti senza la presenza di inutili parassiti. In vero nel giro di qualche anno ci si rese conto di quanto utili fossero tutti quei passeri sterminati.

Causa assenza di un predatore naturale, le campagne cinesi furono presto colpite da locuste e cavalette, che

iniziarono a moltiplicarsi senza alcun freno deteriorando in misura considerevole i raccolti. Oltre alla piaga incontenibile degli insetti vi fu anche una errata progettazione di faraonici canali di irrigazione che contribuirono a produrre quella che oggi viene ricordata come la Grande Carestia tra il 1959 ed il 1961 durante la quale morirono letteralmente di fame oltre 40 milioni di cinesi. Il Grande Balzo in avanti è considerato ad oggi come il peggior fallimento e disastro di politica economica di tutta la civiltà umana. Oggi il comunismo è completamente fallito sin dal 1989 come del resto anche il tanto denigrato capitalismo da Marx nel Settembre 2008 (Lehman Brothers).
Esistono solo due stati vetrina, Korea del Nord e Cuba, in cui la popolazione è obbligata ad adottare tale modello economico grazie al ricorso delle armi e della violenza. Di certo chi era un tempo un paese comunista oggi è un credente fautore del mercato libero. Possiamo dire che ormai l'unico modello economico tuttora vigente nel mondo è un socialismo sovranazionale ibrido di nuova generazione in cui molta attività di governance economica è pianificata a livello sovranazionale nell'interesse – si spera – di ogni singola macro area economica.

QUELLI DELLA CRESCITA
pubblicato il 04.09.2015

Chi ha studiato economia ha ben presente come vi siano due opere scritte da due economisti britannici che con il pensiero in esse rappresentato tutt'oggi rimangono le colonne portanti della dottrina economica classica e neoclassica. La prima opera in ordine cronologico è il Saggio sulla Ricchezza della

Nazioni di Adam Smith (1723-1790), essenzialmente incentrato sulle cause e ragioni che producono la ricchezza di un Paese ed il modo in cui tale ricchezza viene ridistribuita fra le varie classi sociali.

Secondo Smith, la ricchezza di una nazione viene percepita come l'insieme dei beni prodotti suddivisi per l'intera popolazione. Motore e generatore di questa ricchezza è il lavoro ed il modo in cui esso può essere incrementato grazie ad una suddivisione specialistica delle mansioni e dei vari cicli di produzione. Tale divisione nel mondo del lavoro produce di conseguenza un continuo miglioramento dell'abilità di ogni lavoratore, la riduzione del tempo necessario a implementare determinati passaggi produttivi ed infine l'emergere di processi di innovazione continua che producono a cascata innovazione tecnologica la quale a sua volta migliora la produttività individuale di ogni lavoratore e pertanto la ricchezza complessiva di una nazione. Circa 250 anni fa l'innovazione era pertanto già percepita come volano della crescita economica.

La seconda opera di riferimento è la Teoria generale dell'occupazione, dell'interesse e della moneta, edita nel 1936 da Sir John Maynard Keynes (1883-1946), economista inglese di Cambridge, considerato il padre dell'odierna economia neoclassica.

Le sue opere hanno nel tempo dato vita al pensiero keynesiano, quest'ultimo incentrato sull'importanza e necessità dell'intervento pubblico nell'economia mediante misure di espansione monetaria, qualora una insufficiente domanda aggregata non riesca a garantire la piena occupazione, in particolare nella fase di crisi economica esogena. In buona sostanza la cosidetta mano invisibile, secondo Keynes, poteva in alcune circostanze non funzionare e pertanto non essere in grado di produrre nuova ricchezza.

Con il termine mano invisibile, l'economista Smith circa due secoli prima, intendeva identificare quell'insieme di meccanismi economici che regolano il mercato in modo tale da garantire che il comportamento dei singoli, teso alla ricerca della massima soddisfazione individuale, conduca al benessere della società.
Secondo Keynes pertanto l'intervento dello Stato era di vitale importanza al fine di stabilizzare e rilanciare la propulsione economica di una nazione: questa sua visione venne abbracciata in toto dal New Deal del Presidente Roosevelt durante gli anni della Grande Depressione. Secondo Keynes quindi la crescita e di conseguenza la ricchezza di una nazione sono strettamente correlate alla capacità delle autorità monetarie di poter agire dinamicamente e proattivamente sulla quantità di moneta in circolazione con il fine di creare impulso ai consumi e quindi alla domanda aggregata.
Queste teorie sono affascinanti ed eleganti al tempo stesso, specie se ricondotte alle epoche storiche in cui sono state entrambe concepite.
Tuttavia pensare di risolvere i problemi odierni (crescita, occupazione, sostenibilità finanziaria del debito) mediante il ricorso alle linee guida di questi due grandi economisti del passato è profondamente fuorviante. Sarebbe infatti come pensare di risolvere i problemi di produttività di una moderna linea di montaggio continuando a ipotizzare che l'energia prodotta per muovere il nastro trasportatore derivi ancora da una macchina a vapore piuttosto che da un moderno ed efficiente motore elettrico.
Quando Smith e Keynes usarono le loro abilità intellettive per concepire le due teorie economiche a loro riconducibili, le popolazioni delle nazioni più

ricche sulla Terra non stavano attraversando una fase di stallo e declino demografico, caso mai esattamente l'opposto.

In sintesi estrema studiare l'economia di una nazione o di una macroarea geografica significa analizzare e proiettare in avanti i dati demografici e le dinamiche di attesa della componente demografica. Se vi fermate a riflettere un momento, né un copioso apporto di innovazione tecnologica e né il più ambizioso ed audace piano di espansione monetaria attuato dalle autorità centrali europee sta producendo una significativa crescita economica in Europa.

Una convergenza fortuita di alcune variabili economiche (petrolio, cambio euro/dollaro e costo del denaro) al momento sta alimentando le timide speranze di poter avere una crescita economica in Europa di rilievo e ben augurante per il futuro.

Senza ripresa demografica o meglio ancora boom delle nascite non vi possono essere le condizioni per una crescita economica vigorosa e frizzante in grado di dare conforto ad altre variabili economiche quali il debito pubblico, il peso del welfare sul PIL e soprattutto la sostenibilità finanziaria infragenerazionale delle rendite pensionistiche. Tutti i paesi leader ad economia di mercato sono caratterizzati da questo elemento in comune ovvero il crollo del fertility rate al quale si affiancano i processi di invecchiamento della popolazione: tale fenomeno è particolarmente vistoso e preoccupante proprio nel Vecchio Continente, considerato la culla di tutti i sistemi di welfare e retirement avanzato.

Rappresenta una priorità nazionale per ognuno di loro trovare la soluzione pratica per risolvere il deficit demografico. Da come ormai è piuttosto evidente, la strategia messa in atto è quella di attuare fenomeni di importazione di risorse umane da paesi prossimi o contigui, in cui i costi di trasferimento ed insediamento non vengono fatti più di tanto pesare alle singole fiscalità di ogni paese (tranne qualcuno che stupidamente per una bieca governance è disposto a pagare il conto per tutti). Non potendo aspirare ad un boom demografico, si è deciso di dar vita ad un trasferimento di risorse demografico da altre nazioni. Tra un quarto di secolo potremo dire se ne sarà veramente valsa la pena oppure se non fosse stato il caso di concepire nuovi modelli di sviluppo economico per nazioni con risorse limitate e crescita demografica sterilizzata.

SYRIA AND THE PIPELINES
pubblicato il 18.11.2015

Proviamo a fare il gioco del Risiko sullo scacchiere mondiale: in questo modo forse potremmo anche cercare di interpretare quanto accaduto a Parigi lo scorso 13 Novembre. Pertanto vediamo chi è amico di e nemico di. La Russia per retaggio storico e culturale è ancora un naturale nemico degli USA, la Russia tuttavia è ancora un partner energetico chiave per l'Unione Europea, quest'ultima alleata militare e culturale degli stessi USA: ricordiamo a tal fine la crisi in Ucraina e l'embargo occidentale verso la Russia.
La Siria è uno storico alleato della Russia in Medio Oriente, le dotazioni dell'esercito siriano sono di derivazione sovietica, nel porto della città di Tartus è situata l'unica base navale russa che consente il presidio e la possibilità di intervenire nelle acque del Mediterraneo. Per la Russia questo porto di appoggio logistico e militare è più che strategico, direi quasi

vitale, senza di esso infatti non potrebbe effettuare rifornimenti ed assistenza alle altre forze armate che dovessero essere collocate nelle coste del Mediterraneo o intervenire eventualmente in Medio Oriente.
La Siria è inoltre alleata naturale dell'Iran per ovvie ragioni ideologiche, l'Iran per la sua recente apertura al mondo occidentale è in pieno contrasto con i paesi islamici di chiara matrice ortodossa, nonostante questo non può essere considerato un paese alleato agli USA. Quali sono invece i paesi ortodossi nel mondo islamico in piena divergenza con l'Iran ? In prima battuta abbiamo l'Arabia Saudita, il cinquantunesimo stato degli USA, ancora primo esportatore di greggio al mondo ed anche primo cliente della difesa statunitense. Oltre all'Arabia Saudita abbiamo anche il Qatar ed il Kuwait, smaniosi di conquistare una fetta del ricco mercato energetico europeo, soprattutto il mercato del gas.
Sullo sfondo mancano ancora due importanti attori dell'area, l'Irak e la Turchia: il primo è un paese non allineato agli USA nell'area medio orientale (non penso che serva spiegarne le ragioni), mentre il secondo, soprattutto ora con la nuova governance di Erdogan, sempre più vicino a Washington ed i suoi alleati con in testa tutto il blocco continentale europeo. Ultimo l'ISIS, presente ormai per due terzi in Siria e per un terzo sul territorio iracheno. Sullo sfondo di fianco a questi attori troviamo il secondo e più ricco mercato dell'energia al mondo, quello europeo, che come molti sanno ha sempre avuto come principali partner energetici la Russia e la Libia (quest'ultima ora sotto assedio ISIS), entrambi in eterno conflitto con gli USA. Chi porterà il gas in Europa ed in che modo lo farà nei prossimi anni rappresenta al momento la principale sfida mondiale in campo energetico che coinvolge gli

interessi di almeno una dozzina di paesi sostanzialmente schierati in due fazioni, chi sta sotto l'egida di Washington e chi sta con Mosca.

I principali esportatori di gas al mondo (escludendo gli USA) sono in ordine di riserve detenute Russia, Iran, Qatar e Arabia Saudita. Nello specifico il più grande giacimento di gas al mondo denominato South Pars North Dome con un potenziale estrattivo di oltre 50 trilioni di metri cubi è ubicato proprio nel Golfo Persico tra la costa qatarina e quella iraniana con una estensione di circa 10.000 km quadrati, il 60% dei quali competono a diritti di sfruttamento del Qatar ed il restante 40% all'Iran.

Quali saranno le arterie che porteranno energia all'Europa, chi le costruirà e soprattutto chi le controllerà rappresenta una mossa di strategia geopolitica vitale per il controllo degli equilibri planetari nel futuro. Pensate solo ad un Europa che viene allattata da un partner amico della Russia (sempre più in sintonia con la Cina) piuttosto che da un paese alleato con gli Stati Uniti.

Progetti di nuove pipelines (leggasi gasdotti) sono in gestazione da anni ed alcune sono anche andate vicine anche alla loro fatidica implementazione. Il più famoso è stato il gasdotto South Stream, che doveva unire la Russia all'Unione Europea, attraversando le acque territoriali turche, passando per la Bulgaria e la Serbia. Politicamente i leader che ne avevano reso possibile l'ideazione nel 2009 furono Putin, Erdogan e Berlusconi, mentre il consorzio di general contractor che si era impegnato alla sua realizzazione era formato da ENI, Gazprom e EDF.

Tuttavia l'embargo commerciale della UE (richiesto da Washington) contro la Russia, per la gestione della crisi ucraina, portò come conseguenza l'abbandono del progetto da parte della Russia proprio un anno fa (Dicembre 2014). Sempre in parallelo, nello stesso periodo viene formulato il progetto di un secondo gasdotto, il Nabucco, volto a rafforzare la capacità di approvigionamento energetico della UE mediante un nuovo corridoio che partiva da Baku (Azerbaijan), passava per Georgia, Turchia, Bulgaria, Romania, Ungheria sino ad arrivare in Austria.

Il Nabucco avrebbe dovuto rifornirsi non dalla Russia rispetto a South Stream, ma da più partners fra loro indipendenti come Kazakistan, Turkmenistan, Irak e Iran. Nel 2013 il progetto del Nabucco viene abbandonato per fare spazio al TAP (ossia il Trans Adriatic Pipeline), questo in considerazione degli elevati costi di realizzazione del Nabucco (quasi 8 miliardi) e dei rischi sistemici legati al transito del gasdotto in paesi non ancora garantisti e politicamente instabili.

Il TAP porterà in Italia (con aggancio in Puglia) il gas proveniente da approvigionamenti nel Mar Caspio passando per Grecia ed Albania: questo vi fa capire l'importanza che riveste la Grecia per Washington.

La realizzazione del TAP è stata formalmente autorizzata dal Ministero dello Sviluppo Economico nel maggio di ques'anno come infrastruttura di pubblica utilità ed urgenza. Con il TAP autorizzato e destinato ad agganciarsi in Turchia ad un altro gasdotto, il TANAP ossia il Trans Anatolian Pipeline, possiamo finalmente inquadrare gli episodi di cronaca nera di Parigi. Per inciso TAP e TANAP rappresentano l'ossatura portante del Corridoio Sud del Gas, infrastruttura strategica per consentire l'accesso al mercato europeo a fonti energetiche diverse da quelle russe.

A questo punto possiamo presentare il progetto di gasdotto avanzato da Qatar ed Arabia Saudita, denominato con molta fantasia in Turkey-Qatar Pipeline, il quale prevede un'arteria di collegamento tra i giacimenti estrattivi del Qatar, passando per l'Arabia Saudita, transitando per Giordania e Siria, con approdo in Turchia per collegarsi al Corridoio Sud del Gas di cui abbiamo fatto menzione prima.

Sostanzialmente in questo modo vengono estromessi Iraq, Iran, Russia e Siria, quest'ultima che vedrebbe ridimensionato non poco il proprio potenziale logistico. Nel 2011 il Governo di Assad rifiuta il progetto di gasdotto proposto da Qatar e Arabia (immensamente sponsorizzato da Washington, ricordate sempre il ruolo dell'Arabia Saudita nell'economia statunitense) ed invece propone l'ipotesi di un secondo nuovo gasdotto denominato anche questo con grande fantasia Iran-Iraq-Syria Pipeline successivamente ribattezzato in Islamic Pipeline (caldamente sponsorizzato dalla Russia) in cui la Siria riveste un ruolo srategico nell'infrastruttura in quanto il gas arriverà nelle coste siriane e da lì mediante rigassificatori rifornirà le navi metaniere che andranno nei porti europei, mentre nel primo progetto il gas arriverebbe direttamente in Turchia, un paese schierato ed oggi alleato agli USA. All'Irak il progetto di Assad pare un sogno sia per i diritti di transito di cui beneficierebbe sia per lo schiaffo morale che potrebbe dare in questo modo agli USA stessi. A questo punto possiamo capire l'entrate in scena dell'ISIS (fatalità nello stesso periodo) e di chi lo finanzia ossia Turchia, Qatar, e Arabia Saudita, paesi che vogliono destabilizzare il Governo di Assad per sostituirlo con uno compiacente in grado di avallare il loro progetto di gasdotto.

Si tratta pertanto di una faida in seno a tutto il Medio Oriente il cui scopo non è più di tanto il denaro in sè, ma la sudditanza energetica dell'Europa e chi potrà controllare e governare questo rapporto di sudditanza. Gli USA temono infatti nei prossimi due decenni di perdere la loro egemonia valutaria (e per tanto il dominio su tutto) qualora dovessero perdere influenza ed ingerenza nelle scelte di politica energetica di paesi oggi partner, ma domani forse. Gli attentanti di Parigi al pari di quelli di New York nel 2001 hanno smosso e scosso l'opinione pubblica tanto da osannare un immediato intervento militare nell'area in un momento di impasse che vedeva il fronte occidentale in difficoltà per il supporto ed assistenza sovietica. Solo dopo questo intervento potremmo capire quale progetto di gasdotto verrà imposto alla Siria, magari proprio quello voluto da Washington, rispetto a quello sponsorizzato da Mosca. Alla fine gli USA non fanno altro che proteggere e rafforzare sempre i propri interessi in ottica di lungo termine a scapito di altri paesi, tuttavia proprio come ha sempre fatto lo stesso Assad per il proprio Paese.

QUESTIONE DI DIMENSIONI
pubblicato il 06.07.2017

Se torniamo indietro di vent'anni quando l'idea di una Unione Europea e di una moneta in comune tra tutti i suoi stati componenti era ancora in gestazione, scopriamo con grande sorpresa che la nazione più europeista ossia quella più desiderosa di adottare questo nuovo conio condiviso con molte altre nazioni europee era proprio il nostro Paese. Sostanzialmente durante la fine degli anni novanta gli italiani erano in Europa la popolazione più entusiasta della moneta unica e desiderosa della sua implementazione in tempi ristretti. Si può dire per semplicità che gli italiani erano il Paese più europeista, addirittura molto più dei germanesi.

A distanza di due decenni questo quadretto è stato completamente ribaltato: vale a dire che oggi in seno alla UE, i paesi più critici sono l'Italia, seguita addirittura dalla Grecia. Parlare di Euro e di Europa ad un italiano della classe media equivale a sentirsi dire un profluvio di imprecazioni e denigrazioni, tutte rivolte alla moneta unica come unico e principale responsabile del declino sociale ed economico italiano. Raffreddando gli animi ed analizzando senza emotività il quadro macroeconomico complessivo esistono elementi oggettivi che ci possono far dichiarare l'euro l'unico responsabile del nostro attuale stato di rovina ?

Non voglio passare per il difensore della BCE, del QE (quantitative easing) e della moneta unica, tuttavia in questi ultimi anni a fronte di riscontri continui sia con il mondo politico italiano che con quello della piccola e media impresa italiana ho iniziato a chiedermi se effettivamente non stia andando in scena la tipica sceneggiata napoletana da parte della popolazione italiana.

Ovunque e trasversalmente mi sento dire che è tutta colpa dell'Euro, la moneta unica ci ha portato alla rovina, non se ne può più dell'Europa, siamo schiavi di un'establishment sovranazionale che decide tutto e per tutti.

Proviamo a mettere a fuoco il tutto con un approccio possibilmente oggettivo. In questi ultimi due anni abbiamo avuto tre episodi eclatanti in ambito politico che avrebbero potuto dare il colpo di grazia all'Euro ed all'Europa: il primo è avvenuto nel 2015 con la pantomima greca (che sembra essere andata nel dimenticatoio), il secondo lo scorso anno con il Regno Unito che ha votato per andarsene dalla UE (almeno questo era l'intento), la terza invece con la Francia giusto qualche mese fa, che avrebbe potuto rompere queste catene al collo ed alle mani, il cui voto invece ha prodotto un risultato esattamente opposto ossia Europa Uber Alles ed Euro Nothing Compares You.

Il voto francese è stato analizzato in più occasioni e va decisamente contro il pensiero e la cultura media italiana. Recentemente lo stesso Regno Unito ha dovuto far marcia indietro sulla Hard Brexit tanto sbandierata da Theresa May, della serie "scusate stavamo scherzando" perchè questo è quello che emerge dal recente impasto di governo.

Molti analisti ritengono a questo punto che la stessa Brexit possa essere messa completamente in discussione nei prossimi anni per le ovvie pressioni ricevute dall'establishment finanziario inglese. Lo hanno chiamato il Bregret vale a dire il rimorso (regret in inglese) di aver votato per l'abbandono della UE: in buona sostanza molte persone, parliamo di milioni di britannici, se potessero rivotare, manifesterebbero oggi un desiderio completamente diverso ossia rimanere all'interno della Unione Europea.

Come si spiega allora il fatto che alcune nazioni a cui è stata data la possibilità di provare ad abbandonare l'Euro e questa Europa, se ne siano guardate bene dal farlo sul piano pratico e formale (Atene, Parigi e Londra insegnano). Questione di dimensioni. Proviamo a spiegarlo con semplicità senza appesantire la narrazione con cifre, statistiche e richiami alla teoria economica.

Ad esempio, in Italia il principale assunto che viene sbandierato al vento ad ogni tribuna politica è sempre lo stesso mantra: ritorniamo indietro, riprendiamoci la lira, ripristiniamo la cosidetta sovranità monetaria e usciamo da questa Europa. Detta così chi non vorrebbe non essere più schiavo della BCE. Tuttavia ci si dimentica di rammentare che per fare questo, allora dovrebbe tornare indietro anche i 2/3 dell'economia planetaria.

Alla fine degli anni novanta, prima che la Cina entrasse nel WTO, i competitors delle aziende italiane erano sostanzialmente nostrani ovvero ubicati a poche centinaia di km dai centri di produzione. L'Italia arrivava all'inizio del uovo millennio con una propulsione economica tutto sommato rilevante, era allora la quinta potenza economica mondiale.

Oggi lo scenario è invece decisamente cambiato e molto più desolante. Sono subentrati due nuovi players planetari che non c'erano vent'anni fa, o meglio c'erano ma non spaventavano ancora nessuno. Nel 2030 i paesi leaders al mondo saranno Cina e India seguiti a distanza dagli Stati Uniti, che nel frattempo vedranno insediata la loro terza posizione da Indonesia, Brasile e Messico. La povera Italia sarà catapultata in quindicesima posizione scavalcata dalla Turchia. Lo stesso United Kingdom non se la passerà tanto bene, situato al decimo posto, scavalcato da Russia e Messico.

Quindi per semplificare al massimo, mentre vent'anni fa noi italiani potevamo competere con economie di dimensioni simili alla nostra come Francia, Germania e Regno Unito, adesso e sempre di più nel futuro ci dovremmo scontrare con giganti economici del calibro di Cina, India, Messico e Turchia. Stiamo parlando non solo di giganti per il proprio potenziale economico che possono sprigionare, ma anche per il relativo impulso demografico, autentico motore di crescita universale. Pertanto va bene tornare alla lira, ma allora anche la Cina deve tornare ad essere la Cina di vent'anni fa.

Vi sembra un caso che la prima banca in Europa, HSBC (fatalità una banca inglese) abbia dichiarato che

sposterà il proprio head quarter da Londra a Shanghai e questo molto prima che si conoscesse il voto del 23 Giugno 2016.
Senza gli scudi finanziari europei, un Paese come il nostro (purtroppo) sarebbe semplicemente spazzato via alla prima aggressione valutaria, senza dimenticare gli effetti sui tassi di interesse.
Facciamo un altro esempio: secondo voi, come impresa, è meglio provare a trattare da soli con le dogane indiane oppure è più conveniente che lo faccia un'autority sovranazionale europea nell'interesse (si spera) di tutte le nazioni europee. Non è un caso che il M5S stia facendo marcia indietro sull'Euro rendendosi conto dei rischi devastanti a cui verrebbe esposto il Paese. Ugualmente ha fatto anche la Lega.
L'Europa, oggi è il più grande mercato del mondo, per il risparmio, i consumi privati e l'energia: rappresenta non una potenza economica, ma la prima potenza economica al mondo, se solo si riuscisse politicamente a far nascere gli Stati Uniti d'Europa. A paesi come la Cina e gli USA, gli andrebbe di lusso che nazioni come la Francia, l'Italia ed il Regno Unito se ne andassero ognuno per la loro strada ossia ricercassero l'indipendenza perchè in tal senso non sarebbero più un competitor viste le loro dimensioni ridotte come singole nazioni. Washington sogna la disgregazione monetaria, perchè a quel punto il dollaro non avrebbe più avversari credibili nel lungo termine.
Ritornando al nostro Paese: chiediamoci che cosa abbiamo fatto in vent'anni per rendere più competitiva l'Italia. Niente, anzi abbiamo creato le condizioni per far scappare i più capaci che difficilmente ritorneranno indietro. Non sono un eurista convinto, tuttavia mi è difficile mettere in cattiva luce l'Euro, soprattutto perchè i vantaggi (risparmi in oneri finanziari) che ci

ha consentito di avere in quasi vent'anni (il cosidetto dividendo di Maastricht) ce li siamo fumati per continuare a dare sostegno alle tipiche scelte di politica sociale protezionistica volta ad accontentare il più possibile l'elettorato e preservare il consenso.

Purtroppo Euro o non Euro, il declino del nostro Paese sembra inarrestabile, solo incredibili razionalizzazioni nei costi e fruizioni dell'assistenza sanitaria e una profonda revisione del sistema pensionistico con tagli lineari alle sue rendite attuali potrebbero generare risorse significative da impiegare per un nuovo rinascimento fiscale e forse industriale. Tuttavia in Italia provare a mettere mano a questi capitoli di spesa equivale a firmare il proprio suicidio politico. Continuiamo perciò a credere che sia l'Euro il male assoluto tanto chi si è reso conto del futuro che attende la maggior parte degli italiani ha già abbandonato da tempo il Vecchio Stivale, lasciando il resto della popolazione a filosofeggiare su un mondo che presto sopprimerà le loro ambizioni e polverizzerà ogni sogno di vita.

ALLA CONQUISTA DEL MONDO
pubblicato il 13.07.2017

Dopo aver superato il Giappone nel 2010, la Cina ha iniziato ha insediare il primato economico mondiale agli Stati Uniti, ben sapendo che secondo le analisi di PriceWaterHouseCoopers nel 2025 si verificherà lo storico sorpasso, trasformando pertanto il Dragone Rosso nella prima economia mondiale. Questo percorso di crescita non è frutto del caso, quanto piuttosto il risultato di una politica di sviluppo economico studiata a tavolino su ogni fronte possibile.

Dobbiamo ritornare al 1978 quando Deng Xiaoping, subentrato a Mao Zedong, decise uno storico cambio di rotta abbandonando l'ideologia marxista-leninista di Mao che aveva alla fine portato alla creazione di un paese isolato ed economicamente inefficiente.

Deng Xiaoping apre al capitalismo o meglio ad un capitalismo geneticamente modificato in cui la proprietà pubblica sui settori strategici rimane predominante. La Cina per la prima volta apre le porte al commercio con l'estero ed all'ingresso dei primi capitali esteri: si gettano le basi per consentire le delocalizzazioni industriali con USA ed Europa.

Paradossalmente mentre nello stesso periodo di tempo, l'Unione Sovietica si sgretolava su se stessa, la Cina avanzava con una crescita economica strabiliante e senza precedenti con il PIL in rialzo di oltre dieci punti all'anno.

Sempre in parallelo, gli USA amplificano la loro ingerenza e potenza sull'economia mondiale, espandendo l'orbita di gravitazione della NATO grazie all'incorporazione di Polonia, Ungheria e Repubblica Ceca. Di fatto consacrandosi come garanti della pace mondiale per il quieto vivere di Washington. Questo scenario di unipolarità mondiale (l'Unione Sovietica non esisteva più) iniziò ad essere messo in discussione dopo gli attentati del 11 Settembre.

L'escalation del terrorismo sulla sfera mondiale, il fallimento americano in Medio Oriente con il caso Iraq, l'instabilità finanziaria prodotta con la crisi dei mutui subprime nel 2008, l'inaspettato risorgimento della Russia sotto la guida di Putin e l'ascesa in contemporanea della Cina creano i presupposti per un nuovo ordine mondiale ossia la necessità di codificare internazionalmente un nuovo equilibrio geopolitico mondiale.

Proprio su questo assunto nascono le nuove aspettative cinesi: se infatti il XX secolo è stato di appannaggio statunitense, probabilmente il XXI secolo sarà vissuto sotto l'egida cinese. Ci aiuta Marco Polo a comprendere la potenza cinese nel passato grazie a innovazioni tecnologiche e ad una forma di governo accentrata e meritocratica che permise di non dover mai subire invasioni e conquiste da parte di altre nazioni (in tal senso si comprende l'importanza strategica della Grande Muraglia e l'essenza dell'orgoglio nazionale). Sino a quando non dovette somatizzare il cosiddetto secolo delle umiliazioni (1839-1949), perdendo nella guerra dell'oppio contro il Regno Unito e subendo l'invasione giapponese durante la seconda guerra mondiale.

L'arrivo di Mao Zedong con i suoi ambiziosi programmi di sviluppo demografico trasformò un paese sacrificato in una nazione carica di orgoglio e desiderosa di riscatto sociale. In questi termini noi europei difficilmente comprendiamo lo stato delle cose in Cina in quanto nelle nostre democrazie hanno molta più centralità ed importanza i diritti e le tutele dell'individuo, mentre per i cinesi l'individuo è solo un componente della società, la cui importanza è superiore di gran lunga a quella di una singola persona.

Si tratta di due mondi con paradigmi sociali completamente antitetici, in cui tuttavia il modello asiatico sembra avere il sopravvento su quello europeo.

Il Partito Comunista, l'unico partito politico esistente, regna incontrastato dal 1949 ed ora alla guida del nuovo Mao Zedong, così viene considerato l'attuale presidente Xi Jinping, la rotta pianificata in ambito economico appare delineata e programmata quasi minuziosamente.

Anche questo rappresenta un elemento di netto

contrasto con le democrazie occidentali in cui l'alternanza di governo solitamente dura dai quattro ai massimo otto anni. Questo di fatto obbliga ad una programmazione economica di breve respiro, spesso incentrata al conseguimento di finalità più elettorali che di effettivo interesse nazionale.

In Cina invece si pianifica lo sviluppo economico con piani quinquennali basati sulla definizione di politiche strategiche in ambito industriale, energetico e logistico con una visione globale che scavalca addirittura i confini nazionali. La Cina vuole ritornare a dominare il mondo, surclassando gli USA, mediante la propria supremazia economica, il potenziale bellico e l'influenza culturale.

Ad esempio nel 2013 Xi Jinping ha stretto numerose partnership commerciali con Sudafrica, Congo, Guinea, Sudan, Etiopia, Venezuela e Cile, sostanzialmente una presenza quasi istituzionale in Africa ed America Latina, che le ha consentito di diventare il primo general contractor in questi paesi per la realizzazione di infrastrutture (porti, strade, ferrovie, ospedali, stadi per il calcio) in molti casi a costo zero. In cambio si è garantita forniture di materie prime strategiche come coltan, petrolio, gas e legno oltre a poter vendere con facilità prodotti e beni finiti provenienti dalla Cina.

Il Governo di Pechino compra sempre più abitualmente il debito delle altre nazioni, detiene il 20% del debito statunitense ed il 10% di quello europeo: il miglior modo per mettere all'angolo il tuo avversario.

La Nuova Via della Seta, voluta proprio da Xi Jinping, unirà logisticamente l'Asia all'Europa, consentendo la facilità di ingresso di merci e materie prime oltre al potenziamento degli scambi commerciali tra queste due aree geografiche. Sono cinesi ormai le più grandi aziende del mondo: torniamo indietro di vent'anni e

troveremmo invece nelle prime dieci posizioni quasi sempre aziende statunitensi, tedesche, francesi ed inglesi; rifacciamo oggi questa graduatoria e scopriamo che la Cina assedia ovunque le prime posizioni.
Ad esempio la prima banca al mondo per asset detenuti è cinese, ICBC, Industrial and Commercial Bank of China. Il più grande market place al mondo è cinese, Alibaba. Entro il 2030 la classe media cinese sarà composta da più di 500 milioni di consumatori con un potere d'acquisto simile a quello europeo. Il nuovo modello di sviluppo economico, varato con il tredicesimo piano quinquennale punta proprio a questo: far uscire agevolmente dalla povertà 150 milioni di contadini cinesi.
La Cina vanta il secondo potenziale bellico al mondo ed il primo in tutto il Pacifico: ha costruito numerose isole artificiali nel Mar della Cina Meridionale per poter contare su porti, piste di atterraggio e avamposti di brigata in modo da poter estendere la propria influenza e supremazia nei confronti di Filippine, Malesia, Vietnam e Taiwan che rivendicano ognuno la propria sovranità sull'arcipelago delle Isole Paracelso (metà del commercio mondiale passa per quella rotta).
Dal 2010 si sono dati alle spesi folli acquistando ovunque aziende europee ed americane: solo nel settore automobilistico abbiamo visto eclatanti passaggi di mano come la Volvo, la Rover, la Lotus e la PSA (Peugeot-Citroen-Opel), in cui la proprietà è oggi condivisa tra il governo francese e la Dongfeng.
Questi investimenti strategici hanno lo scopo di acquisire know-how da importare in Cina per esportare nei prossimi decenni vetture cinesi che piaceranno anche agli europei. La Cina vuole trasformarsi come il principale referente al mondo per l'industria del calcio, per farlo sta comperando lentamente squadre di calcio

europeo dal passato glorioso (anche per mano dei suoi stessi tycoons), oltre a Milan e Inter, in Spagna ha acquistato il Granada ed una partecipazione di rilevanza nell'Atletico de Madrid, nel Regno Unito detiene interamente l'Aston Villa ed il 15% del Manchester United, in Francia sie è messa in tasca il Nizza ed il Lione, senza dimenticare gli ingaggi multimilionari ai migliori giocatori del mondo.

La finalità di questi investimenti è sfoggiare – per puro orgoglio nazionale - la proprietà cinese ogni qualvolta uno di questi club si imporrà in una competizione europea. La Cina ha aperto 500 sedi in tutto il mondo dell'Istituto Confucio per far conoscere gratuitamente la lingua cinese (mandarino) assieme alla storia e cultura di Pechino: questo rappresenta una tipica mission imperialista con il fine di far metabolizzare le proprie mire espansionistiche agli altri. Sempre con la logica di ostentare orgoglio nazionale nel mondo, milioni di bambini cinesi sono avviati alla preparazione atletica per eccellere nelle diverse discipline sportive: vogliono arrivare ad essere i primi nel medagliere degli ori ad ogni prossima olimpiade.

In Italia accendi la televisione e ti accorgi che la classe dirigente italiana è la stessa di quella che avevamo vent'anni fa, che sbandiera come priorità nazionali lo ius soli e l'accoglienza ai diversamente bianchi. Appare ben delineato anche il nostro futuro per i prossimi decenni.

ONE BELT ONE ROAD
pubblicato il 18.01.2018

Il dicianovesimo secolo è stato vissuto sotto l'influenza ed egemonia inglese, il ventesimo secolo sotto quella statunitense, ed il ventunesimo (quello attualmente in corso) sarà vissuto sotto l'egida cinese. Dopo il 2100 si dovrà capire che pianeta consegneremo alle future generazioni e soprattutto se il cambiamento climatico non avrà prodotto significative perdite di potenziale economico come già oggi si inizia ad immaginare.

La Cina non pianifica il proprio percorso e futuro economico con una programmazione di breve respiro, elemento che invece contraddistingue tutte le economie occidentali avanzate. Sostanzialmente anche nel migliore dei casi un leader di governo occidentale riesce a guidare il proprio paese potendo implementare la propria agenda per non oltre otto anni.

In Europa è già storia quello che è riuscita a fare Angela Merkel con i suoi quattro mandati. Tuttavia, al di là di questo più unico che raro caso di governance politica protratta per quasi due decenni, nelle restanti casistiche la pianificazione di governo non arriva ai cinque anni. In Italia conosciamo molto bene il quadro clinico.

Ora la Cina rappresenta una nazione unica al mondo come forma di governo ossia una dittatura comunista con ingerenza di capitalismo privato di matrice internazionale: oltre a questo infatti si deve aggiungere anche la diversa concezione della società che hanno molti paesi asiatici in cui i diritti dell'individuo sono considerati secondari rispetto al benessere della comunità intera.

In Cina il futuro socioeconomico della terra di mezzo è pianificato e programmato con un'orizzonte temporale che può arrivare anche a 25 anni. Questo modus operandi è frutto del maoismo che a sua volta lo assorbì dall'Unione Sovietica di Stalin. La pianificazione ossia la definizione degli obiettivi strategici di una nazione veniva conseguita mediante i noti piani quinquennali, questi ultimi da intendersi come autentici strumenti di politica economica in paesi in cui il capitalismo di stato mediante la gestione di grandi enti pubblici si sostituisce all'iniziativa economica privata.

Da qui si comprende il senso dell'economia pianificata in contrapposizione a quella di mercato. In Cina in questo momento è in vigore il trediciesmo piano quinquennale, spassosamente denominato shin san wu (in mandarino significa uno, tre e cinque).

I primi due punti di politica economica di questo tredicesimo piano sono rispettivamente il cambio radicale di politica demografica (fine del vincolo al figlio unico) e l'accrescimento dei consumi interni.

Il primo punto è necessario per far tornare a crescere la popolazione cinese in termini demografici in modo da permettere la sostenibilità finanziaria del Paese nei decenni a venire; il secondo punto invece ha lo scopo di dare spinta e propulsione al nuovo modello di sviluppo economico voluto dall'attuale Presidente, Xi Jinping, per rendere la Cina meno indipendente dalle esportazioni estere.

La view di Pechino è ben delineata in tal senso ossia ritornare ad essere la prima potenza economica nel mondo, proprio come lo sono stati in passato sino alla fine del diciottesimo secolo.

La Cina oggi vanta già il primato di prima potenza marittima ed entro pochi decenni diventerà anche la prima per intelligence militare surclassando il Pentagono, mentre il primato di prima potenza economica mondiale dovrebbe poter essere raggiunto tra il 2023 ed il 2025, almeno secondo quanto recentemente stimato da PWHC. Ovviamente questa proiezione vale fin tanto che l'attuale governance cinese continuerà a prosperare ed a dettare l'agenda politica di Pechino.

La Cina da quando è entrata nel WTO, sotto la guida di Hu Jintao, ha pianificato la sua crescita economica proprio come un campione del mondo di scacchi: muovendo lentamente i pedoni con una meticolosa strategia di assedio e lenta penetrazione nei territori altrui, lasciando che tali nazioni nel frattempo si scannassero internamente da sole su patetiche tematiche sociali completamente aberranti.

Con l'intento di enfatizzare il ruolo della Cina a sostegno e difesa della globalizzazione mondiale, consentendo alla stessa di potenziare e controllare gli sbocchi commerciali delle produzioni cinesi, è stata concepita la Nuova Via della Seta, più conosciuta dai media mondiali con il termine di One Belt, One Road. Stiamo parlando in pratica di due nuove vie di collegamento (una via terra e una via mare) che permetteranno di far transitare materie prime, prodotti e persone all'interno di due corridoi predefiniti.

Quello via terra, ispirato all'antica Via della Seta di Marco Polo, ha lo scopo di rendere idealmente uniti rispettivamente Cina, Unione Europea, Russia e Medio Oriente. Il corridoio parte infatti da Pechino ed arriva sino a Madrid, transitando per tutto il continente euroasiatico (entrando in Kazakistan, Iran, Iraq e Turchia).

Il corridoio marittimo invece parte da Quanzhou (provincia di Fujian) ed arriva in Italia a Venezia. Proprio Marco Polo narrava di questa città cinese come del più grande porto del mondo durante il suo periodo di esplorazione del Kathai.

La rotta marittima costeggia numerose nazioni, rispettivamente: Thailandia, Indonesia, Bangladesh, India, Iraq (con Basrah), Somalia, Gibuti, Egitto ed infine Italia. Questo corridoio unirà idealmente sei aree marittime del pianeta: il Mar della Cina, l'Oceano Pacifico, l'Oceano Indiano, il Mar Rosso, il Mar Arabico ed il Mar Mediterraneo. Dal punto di vista finanziario l'investimento in termine di interconnessione tra gli stati è supportato dalla Banca Asiatica per gli Investimenti e le Infrastrutture di cui la Cina è l'azionista di maggioranza di riferimento assieme a Russia e India.

Questo fondo di supporto alla crescita economica è stato concepito per contrastare la view del FMI che secondo Pechino ha il solo scopo di proteggere il Washington Consensus. Risulta difficile in effetti non trovarsi d'accordo: guardando dall'alto è possibile intravedere come il baricentro economico del mondo si sta spostando verso oriente.

Mentre prima si trovava a metà strada tra New York e Londra ora si posizione a tre quarti tra Venezia e Pechino. Il rischio per gli Stati Uniti, soprattutto ora che appaiono politicamente allo sbando con l'Amministrazione Trump, è rappresentato da un sempre più probabile isolamento economico nel momento in cui tali infrastrutture dovessero andare a compimento.

Proprio così è possibile comprendere l'importanza per lo Zio Tom di avere e mantenere alcune delle aree geografiche che sono state sopra menzionate in continuo stato di instabilità politica. Molto presto ritorneremo indietro alla storica rivalità Occidente contro Oriente conosciuta durante la Guerra Fredda tra USA e URSS.

Questa volta tuttavia l'Unione Europea sembra scendere in campo con un ruolo di gioco decisamente diverso e nonostante la salute asfittica pare che anche l'Italia per la sua posizione logistica in questa infrastruttura giocherà un ruolo non più marginale.

VENEZUELA BONDS
pubblicato il 24.05.2018

Tra i paesi che sono al mondo più a rischio di default troviamo al primo posto il Venezuela, non è una novità questo dato, il Paese sudamericano guidato da Maduro si vanta di questo primato da numerosi anni. Il Venezuela detiene anche il record di economia più miserabile del mondo, tale ulteriore primato viene assegnato alla nazione che detiene il Misery Index più elevato in assoluto: quest'ultimo è rappresentato da una variabile macroeconomica che somma algebricamente il tasso di inflazione con quello di disoccupazione.

Tanto per dare un metro di paragone, al secondo posto in questa graduatoria della miseria nazionale troviamo lo Yemen seguito in terza posizione dal Congo. Il Venezuela tuttavia può essere considerato una testa di serie ineguagliabile in tal classifica infatti la lettura dell'indice si avvicina quasi a 1.500 contro il 50 o 45 delle altre due nazioni sopra citate. L'inflazione venezuelana che varia da stato a stato da un minimo di 8000 ad un massimo di 1500 contribuisce a proiettare il paese sudamericano in testa di classifica staccando gli altri come se fosse una gara ciclistica in cui il primo corre in scooter invece che in bici da corsa.

Ricordiamo che a titolo di cronaca il Venezuela è uno stato federale suddiviso in 23 stati amministrativamente indipendenti: Caracas rappresenta la capitale federale, proprio come Washington lo è per gli USA. Nonostante rappresenti la terza economia del continente sudamericano dopo Brasile ed Argentina, il primo paese a cui esporta e da cui importa è lo Zio Sam con oltre 1/5 dei volumi di merci e prodotti sia in ingresso che in uscita nei confronti degli States.

Alla fine dello scorso anno il paese sudamericano si è distinto sui mercati finanziari per l'annuncio di un default selettivo su cui ancora oggi vi sono oggettivi dubbi di ingerenza del governo americano nei confronti delle agenzie di rating che hanno downgradato il paese. Le conseguenze si sono presto viste sulle quotazioni delle obbligazioni nazionali emesse in dollari statunitensi che si sono portate appena poco sopra la soglia del dolore ossia 30 centesimi per ogni dollaro di debito nominale. Tale valore rappresenta una quotazione spartiacque generalmente parlando, significa che i bond holders in qualche modo confidano ancora in un possibile miracolo sulla ripresa delle quotazioni stante la nota ricchezza che caratterizza il Venezuela, che può vantare le maggiori riserve di barili di greggio nel suo sottosuolo tra gli aderenti all'OPEC. Russia e USA ad esempio che sarebbero ora al primo posto non rientrano in tale conteggio. Il Venezuela ha conquistato le prime pagine dei giornali per la grave crisi umanitaria dovuta alla scarsezza di generi alimentari che sta colpendo la popolazione da più di un anno, crisi dovuta all'incapacità di riuscire a trovare sostentamento alimentare nonostante le minime derrate alimentari garantite dal Governo di Maduro tramite i CLAP (Comités Locales de Abastecimiento y Producción) che offrono a chi si è preventivamente registrato una bolsa de comida ossia una busta della spesa con generi basici come farina di mais, latte, zucchero, riso e olio.

Nella sua storia passata il Venezuela è stato un paese che ha ricevuto numerose ondate immigratorie, molte provenienti proprio dalla penisola italiana, oggi invece possiamo con amarezza scoprire che sta accadendo esattamente il contrario. Oltre un milione e mezzo di venezuelani è emigrato furtivamente nei paesi adiacenti, soprattutto Colombia più che Brasile per la convenienza della lingua, con la speranza di provare a ricostruirsi una nuova vita.

In Venezuela è decisamente difficile potersi rifornire di medicinali di base, detersivi, riso, burro e paradossalmente benzina. Leggendo le cronache e commenti locali di alcuni reporter che hanno trovato rifugio proprio in Colombia si narra che per le strade e nei quartieri è impossibile imbattersi in un cane o un gatto randagi perché se li sono mangiati ormai da tempo. Il Venezuela è vittima di un complotto internazionale orchestrato con una regia non tanto occulta dallo Zio Sam: infatti Chavez prima e Maduro dopo hanno negato concessioni e diritti di estrazione a tutte le società petrolifere statunitensi.

Perchè allora la crisi finanziaria ed umanitaria non si sono manifestate in precedenza stante l'ostilità storica tra i due paesi ? La risposta si deve attribuire a due fattori esogeni guarda caso scaturiti da scelte strategiche dello Zio Sam. In prima battuta abbiamo avuto la contrazione del prezzo del petrolio che è crollato sino a 30 dollari nel 2015.

Chavez è morto nel 2013 e sino ad allora ha potuto contare sui consistenti profitti che scaturivano esportando ogni giorno tre milioni di barili ad un prezzo compreso tra i 90 ed i 100 dollari. All'inizio della sua esperienza politica nel 1999 Chavez si trovava con il greggio a 10 dollari: anno dopo anno la salita dell'oro nero ha consentito di attuare un ambizioso programma di assistenzialismo sociale che ovviamente ripagava in ambito elettorale.

Per questo Chavez è stato molto amato dalla sua popolazione. Maduro non ha avuto la stessa buona sorte, infatti il prezzo del greggio è collassato tra il 2015 ed il 2016 in forza degli effetti sull'offerta mondiale dello shale oil statunitense (guardate il film Promised Land con Matt Damon e capirete di cosa stiamo parlando).

Il 90% dell'economia venezuelana si basava e si basa ancora sugli introiti che fruttavano le esportazioni, introiti che derivavano dai milioni di barili esportati ogni giorno moltiplicati per il prezzo del greggio. Man mano che il prezzo del greggio scendeva ed iniziavano a manifestarsi i primi effetti della crisi socieconomica che ora sta vivendo il Paese, migliaia di tecnici, operatori ed ingegneri dell'industria petrolifera sono andati a lavorare in altri paesi allettati dalle invitanti remunerazioni ed anche da un clima sociale meno opprimente.

Lentamente questo ha prodotto una carenza occupazionale di soggetti qualificati per l'intero settore petrolifero nazionale che ha causato una significativa contrazione della capacità produttiva nazionale. Oggi il Venezuela produce circa un milione di barili di petrolio al giorno contro i tre milioni che produceva nel 2010, tanto per dare un ulteriore parametro di lettura tutti i paesi esportatori di greggio quest'anno aumenteranno la loro produzione annua, si va da un + 2% di USA, Canada e Russia ad un + 6% della China, mentre Caracas perderà un - 5% del proprio potenziale produttivo. Non basta pertanto una risalita consistente del prezzo del greggio che già in parte si sta verificando, per assistere ad una ripresa delle quotazioni delle obbligazioni venezuelane si deve soluzionare questo deficit strutturale della produzione per carenza di manodopera e riportare la produzione ai livelli di efficienza produttiva sulla soglia dei tre milioni di barili al giorno. Scenario che purtroppo appare poco probabile e che getta ulteriori minacce sul futuro della nazione e delle sue obbligazioni.

ITALIAN ECONOMY

*Non rinchiuderti partito nelle tue stanze,
rimani amico dei ragazzi di strada*

Vladimir Majakovskij

LA FARSA DELL'ASSISTENZA SANITARIA
pubblicato il 12.12.2013

Con il termine di assistenza sanitaria è di pacifico intendimento far riferimento all'insieme delle prestazioni ed iniziative volte alla prevenzione e cura della salute. Noi italiani da quando nasciamo percepiamo quasi osmoticamente come l'assistenza sanitaria sia un diritto insindacabile ed imprescindibile, meglio ancora un diritto che la nostra vetusta costituzione sancisce con quella intonazione pomposa del primo capoverso all'articolo 32: La Repubblica tutela la salute come fondamentale diritto dell'individuo e interesse della collettività, e garantisce cure gratuite agli indigenti.

Diamo per scontato che le cure e tutte le loro manifestazioni pratiche, come farmaci, protesi, visite, ricoveri, degenze e cosi via, debbano essere fruibili a tutti indistintamente dalla classe sociale di appartenenza e soprattutto debbano essere gratuite a prescindere dall'aspetto meritocratico per cui queste vengono richieste. Quando pensiamo agli Stati Uniti ci viene da rabbrividire sapendo che ognuno si deve arrangiare e procurarsi privatamente la propria copertura sanitaria. Strangamente anche gli statunitensi rabbrividiscono pensando alla fiscalità della copertura sanitaria italiana.

Non riescono a capire perchè il singolo contribuente deve partecipare alla copertura delle spese sanitarie altrui. Ovviamente Stati Uniti ed Italia rappresentano due modelli estremi di intervento per l'assistenza sanitaria: totalmente pubblica o totalmente privata. Pensate che attualmente proprio Obama ha raggiunto il minimo di consenso e popolarità proprio grazie alla sua volontà di istituire l'Obama Care (tecnicamente conosciuto con il nome di Patient Protection and Affordable Care Act), la tanto denigrata copertura federale che promette assistenza sanitaria generica a circa 38 milioni di americani indigenti: per lo statunitense medio il tutto è visto quasi fosse una sorte di crimine federale o una scandalo nazionale.

Ma torniamo a noi: la soluzione di ottimo con grande presunzione si posiziona ad un livello intermedio nel senso che lo stato sociale deve garantire cure ed assistenza in prossimità di casi conclamati di vita o di morte o innanzi a malattie genetiche e severe patologie mortali, eliminando invece tutte quelle attenzioni e cure tipiche di patologie generiche o croniche frutto solitamente di scarsa o addirittura inesistente prevenzione da parte del singolo contribuente.

Su questa base ho voluto sviluppare ed articolare la sezione denominata Salute ed Assistenza Sanitaria all'interno del Manifesto Economico consultabile sul mio sito professionale in cui gli attuali oneri di assistenza e copertura sanitaria vengono splittati in due aree di competenza, una pubblica generica ed una privata dedicata. Sono rimasto molto sorpreso dal livello di consenso ed approvazione ricevuto, pur considerando l'impopolarità della proposta, soprattutto dal personale medico e sanitario.

Non nego anche le email di insulto dai contenuti incivili recapitatemi anonimamente da chi contestava e denigrava con veemenza la sua ipotetica applicazione, soprattutto non concependo il perchè pagare privatamente quando la fiscalità diffusa oggi garantisce tutti. Su questo vorrei che ognuno si soffermasse a quanto segue: la spesa sanitaria in Italia nel 2012 è costata 112 miliardi di euro, oltre il 7% del PIL del Paese, un capitolo di spesa che cresce mediamente tra il 3/4% all'anno (abbastanza comprensibile a fronte dell'invecchiamento della popolazione). La legge di bilancio ha stimato per competenza in 500 MLD i costi di esercizio comprensivi degli interessi per il 2012, questo significa che la sanità nazionale pesa oltre il 22% se rapportata alla copertura delle rispettive entrate fiscali.

Ora fate questa simulazione: supponiamo che guadagnate 20.000 euro all'anno lordi e dopo aver versato tasse e ritenute ve ne restano 12.000 euro come reddito disponibile netto, possiamo idealmente quantificare in quasi 1.800 euro l'onere fiscale della vostra assistenza sanitaria nazionale (calcolati come il 22% di 8.000 euro). Quindi in poche parole pagate ogni anno circa 1.800 euro per usufuire dell'assistenza sanitaria "gratuita tutto compreso" (magari anche se non ne avrete mai necessità).

Ma se è tutto gratuito, ticket a parte, grazie alle tasse che avete già pagato, mi spiegate perchè quando vi rivolgete al servizio sanitario nazionale e desiderate fruire in tempi rapidi di una prestazione medica specifica o anche urgente siete costretti a rivolgervi alle strutture private convenzionate e pagare di tasca vostra il servizio richiesto in quanto il servizio pubblico (che pagate) non è in grado di erogarvi la prestazione i tempi ragionevoli ? Mi sembra come pagare la polizza RCA per l'assicurazione sul propria vettura ed in presenza di un sinistro/incidente la compagnia di assicurazione vi dice di pagare con denaro vostro il danno per cui vi siste assicurati ! Evviva l'articolo 32 della costituzione, mi raccomando continuamo a tenere il Paese ancorato a idealogie palesemente fallimentari.

RIMINI RIMINI 30 ANNI DOPO
pubblicato il 06.06.2014

Avete mai visto il film "Full Monty" che è stato anche Premio Oscar come Miglior Film straniero nel 1998 ? Vi ricordate come iniziava ? Un documentario di propaganda televisiva riprendeva la città di Sheffield nel South Yorkshire dell'Inghilterra agli inizi degli anno Sessanta esaltando il benessere economico di questa area metropolitana, benessere che scaturiva dalla produzione di acciao e dal settore automobilistico. Veniva messo in evidenza come Sheffield rappresentasse uno dei pistoni che alimentava il motore economico dell'Inghilterra ed al contempo uno dei motivi di orgoglio del benessere economico di quel periodo.

Il cinedocumentario ad un certo punto andava in dissolvenza e riportava lo spettatore ai giorni in cui era stato girato il film, alla fine degli anni Novanta, evidenziando come Sheffield fosse caduta in disgrazia a seguito della deindustrializzazione che aveva caratterizzato tutto il Regno Unito dagli inizi degli anni Novanta. Sheffield diventa una città economicamente depressa con una elevata dosoccupazione e su questo quadretto inizia ad ambientarsi l'irriverente commedia inglese premiata dalla Academy Awards.

Ora per stare sempre in tema cinematografico, avete visto il film prodotto nel 2002 da Luciano Ligabue, Da zero a dieci, in cui una compagnia di amici di vecchia data si ritrovano a trascorrere una breve vacanza a Rimini per rimembrare le gesta di un'epica vacanza trascorsa vent'anni prima ? Durante il film questa missione viene osannata con un tono quasi solenne, della serie stiamo andando a Rimini perchè è il posto più figo che esiste per una vacanza da urlo. Quando avevo dieci anni sono stato in vacanza con i miei genitori (come si usava un tempo) proprio a Rimini, era il 1983.

A quell'epoca era la capitale del turismo mondiale. Da tutto il mondo si sognava di venire in estate in vacanza a Rimini per la movida, la cucina ed il lifestyle italiano. Miami, Sharm el Sheik o Ibiza erano ancora in stato embrionale, rispetto ad ora. Pensate solo che nel momento di massimo splendore, Rimini era la località turistica con la maggiore capacità ricettiva del mondo. Un litorale che pulsava di giorno e di notte per far divertire e spensierare milioni di persone da tutto il

mondo. Nel frattempo sono passati trent'anni da quell'estate. Proprio come Sheffield anche Rimini è caduta in disgrazia.
Di tipico romagnolo c'è rimasto ancora poco. Listini delle camere d'albergo e menù nei ristoranti sono scritti principalmente in cirillico come prima lingua. Alle volte compare anche la scritta in lingua italiana. Fare una passeggiata nel lungomare in zona Viale Regina Margherita è piuttosto imbarazzante durante il giorno: negozi ed esercizi commerciali generalmente sono gestiti da indiani, pakistani, iraniani, ucraini e bielorussi. Espongono quasi tutti la stessa inutile merce a prezzi da Etiopia o Bangladesh.
La sera è decisamente peggio: prostitute ed adescatrici dell'Est Europa ti fermano di continuo o provano ad attirare la tua attenzione mentre stai guidando con espedienti degni di un ultrapremiato film per adulti. Non è uno spettacolo decoroso per chi ha figli in tenera età. C'è un numero impressionante di auto di grossa cilindrata con targa rumena o bulgara, solitamente sono i protettori di queste prostitute che monitorano e presidiano il territorio.
Durante il giorno negli incroci con semafori in prossimità degli snodi stradali principali vi sono extracomunitari diversamente bianchi che, con vestititi di marca e scarpe sportive da 100 euro, chiedono e pretendono di lavarti il parabrezza per qualche euro.
La buona cucina romagnola te la puoi scordare. La maggior parte dei chioschi e dei take away vendono tranci di pizza immangiabile o kebab multi etnici in cui se decidi di fermarti a mangiare qualcosa sarebbe di buon senso dare l'allerta all'ospedale in modo che si tengano pronti per una possibile lavanda gastrica.
La maggior parte degli alberghi fa pena, tranne quei pochi che si sono riqualificati in questi ultimi dieci

anni, la gestione solitamente è affidata a personale di origine balcanica che con la Romagna non penso abbia molto legame. Le camere se sei fortunato hanno la tv a schermo piatto altrimenti ti ritrovi con un vecchio valvolone sintonizzato su cinque canali interegionali sfigati con il telecomando appiccicoso che funziona ad intermittenza.

Nelle docce se non sono state ben pulite o disinfettate è facile prendersi qualche fungo o anche peggio. I letti solitamente hanno i materassi semisfondati con le molle che ti parlano durante il sonno quando ti giri per cercare di trovare una posizione più comoda per dormire. Gli hotel fanno la gara al ribasso sul prezzo delle camere, 20 euro con prima colazione, che in molti casi diventa anche l'ultima dopo che l'hai provata almeno una volta. Questa è Rimini Rimini 30 anni dopo. In comune con la capitale del turismo degli anni 80 c'è rimasto veramente poco. Se ci sono delle colpe e ce ne sono sicuramente allora non guardate tanto distante. Chi è causa del suo male pianga se stesso.

TAGLIATE GLI ALBERI ALTI
pubblicato il 06.02.2015

Nel 1994 in Africa si è perpetrato uno dei più feroci genocidi cui la razza umana si sia macchiata nel corso della sua storia evolutiva. Quasi un milione di persone, tra bambini, donne ed anziani sono stati sterminati a colpi di machete o mediante atti di violenza inaudita. Ai bambini venivano cavati gli occhi con i cucchiai, le bambine venivano stuprate e poi accoltellate o impallinate a colpi di K47.

Stranamente di questo eccidio non si ricorda nessuno ogni anno, non vi è a livello mediatico alcuna giornata della memoria a ricordare tanta nefadenzza ed atrocità. Forse perchè si è trattato di africani che hanno sterminato altri africani. Della serie, esistono genocidi di seria A e genocidi di serie inferiore.

Sto parlando del genocidio avvenuto in Rwanda tra due etnie locali, Hutu e Tutsi, sostanzialmente i secondi erano i discendenti della selezione somatica che avevano effettuato i colonialisti belgi ad inizio del secolo: stando al principio di selezione, gli Hutu erano più belli, più alti e più aggraziati rispetto al resto della popolazione. A loro vennero assegnati possedimenti terrieri, compiti governativi e responsabilità di comando in tutto il Paese.

Quando i belgi abbandonarono il Rwanda, di fatto crearono un'elite aristocratica che decideva le sorti della popolazione. Proprio come ogni elite i Tutsi erano inferiori numericamente ai loro connazionali Hutu che rappresentavano invece quasi il 90% della popolazione ruandese.

Con il tempo i primi diventarono sempre più ricchi, potenti e benestanti a dispetto degli Hutu che si trasformarono nella low class people, sostanzialmente una sorta di manovalanza sfruttata ed indigente.

I Tutsi con il tempo divennero per il resto della popolazione la rappresentazione di una classe politica corrotta e classista, che a loro volta si autososteneva a scapito degli Hutu.

La storia da secoli ci insegna come finisce una nazione quando una piccola parte della popolazione diventa oltraggiosamente ricca ed impunita mentre la stragrande maggioranza viene schiacciata verso il basso a sopportare gli stenti della fame o le angherie dell'elite dominante. Finisce con il sangue.

Ufficialmente si considera come data iniziale del genocidio ruandese il 6 Aprile 1994 quando misteriosamente l'areo del presidente Habyarimana viene abbattutto da un missile terra aria lanciato da non si sa chi ancora oggi.

Lo stesso giorno iniziano le rappresaglie delle milizie paramilitari Hutu nei confronti dei connazionali di etnia Tutsi (nella carta di identità era riportata l'appartenenza a questa o quella etnia). Ruolo di rilievo per istigare la popolazione Hutu ad appoggiare le milizie ebbe una radio della capitale, RTLM (Radio Televisione Libera delle Mille Colline) che diede in codice una sorta di segnale di inizio delle ostilità.

Tagliate gli alberi alti. Questo era il segnale che alla radio veniva lanciato dallo speaker, Fratelli Hutu, è arrivato il momento di tagliare gli alberi alti. Tagliate gli alberi alti ! A livello pratico significava unirsi ai vari squadroni della morte, farsi consegnare un machete e procedere con il piano di sterminio, andando casa per casa, con l'elenco di chi era Hutu e chi era Tutsi.

In cento giorni si stima che vennero trucidate barbaramente quasi un milione di persone, con una violenza mai vista prima, soprattutto in Africa. Allora il web non esisteva, tantomeno il tam-tam dei socials, al massimo vi era qualche giornale o qualche emittente anglosassone che aveva sul posto una troupe per documentare quanto si dicesse stesse accadendo.

Il genocidio ruandese dimostra ancora una volta come la persona più cattiva al mondo è quella buona quando la fai arrabbiare. Ora noi siamo molto lontani dal Rwanda, sia geograficamente che storicamente. Nessuno può pensare che un evento di tale portata si possa riproporre ulteriormente in altre nazioni. Tuttavia vi invito a fare una riflessione su alcuni punti di analogia tra la situazione italiana e quella ruandese appena prima dell'esplosione del genocidio.

Anche in Italia abbiamo i Tutsi, solo che si chiamano

dipendenti statali ed esponenti politici di varia estrazione e rango, messi assieme fanno circa 5.5 milioni di persone, circa il 10% della popolazione italiana autotoctona, proprio come i Tutsi.
Proprio come questi ultimi anche loro godono di uno status elitario, quasi aristocratico, che li rende intoccabili, dominanti sugli altri e conservatori di privilegi e diritti acquisiti.
Pensate solo alla tematiche e casistiche riguardanti le pensioni e le tutele del loro posto di lavoro. I Tutsi non erano miliardari che giravano in Aston Martin, non vivevano in ville principesche attorniati di body guard, semplicemente godevano di uno status sociale che garantiva loro dei vantaggi competitivi in termini economici che agli Hutu non erano concessi.
Anche la parte della popolazione italiana sopra indicata è strutturata mediante gerarchie di comando e di classe cui non può accedere il resto della popolazione. Più che una sorta di etnia, a distanza di decenni gli storici oggi parlano di una sorta di casta.
Ora quanto espresso sopra, per evitare di urtare la sensibilità di qualche conoscente o lettore, vuole essere più un contributo alla memoria delle vittime di quel genocidio che la televisione di oggi sembra aver dimenticato.
Tuttavia voglio lasciarvi con questa riflessione: nel 1994 i Tutsi non vennero tutti sterminati, molti di loro scapparono dal paese molto prima che esplodessero i primi episodi di guerriglia civile, in quanto percependo l'esasperazione della popolazione Hutu optarono saggiamente per una fuga strategica dal paese. Proprio grazie a questo riuscirono a salvarsi.

---

approfondimenti su www.genocidearchiverwanda.org.rw

QUELLI CHE SE NE VANNO
pubblicato il 12.02.2015

Sapete perchè in Italia continuerà a peggiorare nei prossimi anni tanto il clima economico quanto quello sociale nonostante continuino a raccontarvi che il prossimo semestre sarà migliore, ci sarà la ripresa, si vede ormai la luce in fondo al tunnel e tante altre favole per i bambini dell'asilo ? Fate una riflessione su chi se ne sta andando e perchè se ne sta andando. La diaspora degli italiani che prendono famiglia, azienda e capitali ha intrapreso un trend ormai esponenziale, dopo il 2010 questo fenomeno sembra non conoscere crisi, anzi continua a macinare rialzi su rialzi. Peccato che non sia un titolo azionario da acquistare sui mercati finanziari perchè la sua proiezione sarebbe "long only" per usare una terminologia tecnica di borsa. Ne ho discusso abbondantemente nei precedenti pamphlet, tuttavia non mi ero mai soffermato su un aspetto di natura qualitatitava del fenomeno in sè. Provate a chiedere a chi se ne è andato qual'è la sua propensione e fede politica. Praticamente mai vi sentirete dire che era un sostenitore del PCI o del PD, mentre nella maggioranza dei casi riceverete esternazioni di consenso, supporto e simpatia o credo per i partiti e movimenti di cultura liberale o di centrodestra.

In buona sostanza sono piccoli imprenditori, studenti desiderosi di fare impresa per conto loro, persone con capacità fuori dal comune desiderosi di affermarsi professionalmente.

Potrei continuare per diverse righe a descrivere questa tipologia di italiano in fuga dal proprio Paese: in questi ultimi due anni ho aiutato e dato supporto professionale a numerose dozzine di famiglie ed imprese fornendo loro gli input ed il knowhow che serve per delocalizzarsi altrove, soppensando adeguatamente tanto l'aspetto fiscale quanto quello finanziario dell'idea di impresa che emigra.

Me ne accorgo solo adesso che scrivo ma di esponenti di sinistra o centro sinistra che se ne vogliono andare non ricordo di averne visti, sentiti o contati. Forse la moglie di qualche artigiano aveva nostalgia del vecchio PDS, ma adesso a distanza di tempo persino lei rinnega il proprio sostegno e consenso per quello che è diventato il nuovo PD.

Gli italiani che se ne vanno rappresentano quella parte del Paese che ha sempre prodotto posti di lavoro, ha generato gettito fiscale da attività d'impresa e di fatto rappresentato il motore economico della nazione. Se ne vanno per i motivi che conosciamo da tempo immemore: oppressione fiscale, inesistenza dello stato di diritto, burocrazia esasperante, gerontocrazia e criminalità ormai fuori controllo.

Se ne vanno anche perchè chi li dovrebbe proteggere o rappresentare almeno politicamente non esiste più. Il centrodestra o chi ne faceva le veci ha perso credibilità e spazio costituzionale: non ha saputo individuare o presentare al proprio elettorato quella proposta o quella novità in grado di rinvigorire gli animi e trasmettere una qualche sorta di speranza per il futuro a breve.

Berlusconi ormai è come un Maradona azzoppato che vuole giocare a tutti i costi, facendo per questo perdere la propria squadra. Per esperienza professionale chi fa parte dell'ambiente statale o peggio parastatale nella maggior parte dei casi per una fuorviante cultura politica indotta si sente rappresentato da forze o movimenti di sinistra o centro sinistra (ammesso che questi vocaboli significhino ancora qualcosa).

Proprio questa parte di elettorato non ha alcun interesse nel vedere cambiare il Paese, perchè sta bene così come si trova: pensiamo solo all'impossibilità di lincenziare nel pubblico.

Quindi che cosa accade ? Che il numero di potenziali elettori un tempo simpatizzanti del centrodestra vedrà un lento ed inesorabile declino per ragioni quantitative, mentre i sostenitori del centrosinistra saranno costantemente in ascesa, grazie al contributo che danno e daranno i vari extracomunitari e disperati che vengono fatti entrare. Il Paese pertanto è destinato ad essere caratterizzato per i prossimi anni da sempre più immobilismo politico protratto da forze pseudo progressiste.

E non pensate che chi fa impresa si mette a gongolare per il nuovo senato, per la nuova legge elettorale o per l'abolizione delle provincie. L'Italia ormai non la cambi con le leggi, i decreti, il confronto dialettico o le tavole rotonde con le parti sociali. Con l'attuale assetto costituzionale non farete altro che procastinare la morte per asfissia economica ed imprenditoriale. Il Paese adesso si può cambiare solo con atti di violenza o con l'abolizione di numerosi diritti costituzionali, come tra l'altro è già accaduto in passato: episodi di terrorismo che obbligano a virare per scelte un tempo impopolari o per manifestazioni di piazza che per dimensione e irruenza non vediamo da decenni.

Tanto per farvi capire il senso di questo assunto: la mia regione (il Veneto) sono anni che si batte contro lo stato centrale per rivendicare maggiore autonomia impositiva e legislativa. Avrebbe senso pertanto presumere che esista un unico movimento politico che si faccia portavoce di queste istanze. Ebbene non ne esiste uno, ma ben cinque ognuno in faida con l'altro per le solite beghe di partito, tanto che ormai il tutto sembra più folklore politico che un temuto avversario e competitor politico. Per la cronaca: Indipendenza Veneta, Noi Veneto Indipendente, Plebiscito Veneto, Prima il Veneto e Chiavegato per l'Indipendenza. Quella parte della nazione che sta facendo scappare o morire i propri imprenditori si dovrebbe chiedere tra due decenni per chi lavorerà ? Difficilmente potrà ancora essere alla dipendenze di qualche apparato pubblico.

SCHOOL FOR NOTHING
pubblicato il 26.02.2015

La follia italiana sembra non conoscere limite, tra un quarto di secolo del Paese rimarrà forse solo la sua connotazione geografica. Si capisce come muterà il quadro economico nei prossimi anni anche osservando la connotazione delle iscrizioni nelle scuole superiori. La menzogna che l'elite culturale sinistroide ci ha profilato in questi ultimi due decenni sarà aditata come una delle cause principali del declino industriale ed imprenditoriale della nazione. Secondo questi imbonitori di pensiero siamo tutti uguali e pertanto tutti dobbiamo avere la stessa formazione e tutti dobbiamo arrivare a svolgere mansioni da colletto bianco decorosamente ricompensate, evitando che ci possa essere qualcuno più pagato di altri.
I meriti non devono diventare elementi discriminatori. Sono proprio questi artefici del pensiero radical chic di sinistra (ideologi, docenti universitari ed esponenti della lotta di classe) che hanno svilito e distrutto la funzione principale di ogni apparato scolastico ovvero selezionare e formare.
La scuola intesa come insieme di istituti scolastici ed atenei è stata trasformata in un ridicolo network di

diplomifici e laureifici. Il concetto di fare selezione delle risorse umane, attraverso la riparazione estiva delle proprie lacune e l'utilizzo della bocciatura, è stato sotterrato, perchè non è giusto bocciare, non è giusto premiare chi è più bravo di altri o fermare chi è stato sfortunato o chi è più lento degli altri.

Soprattutto non deve passare l'dea che se qualcuno è più bravo di te deve per questo avere un trattamento economico sostanzialmente diverso da quello tuo. Qualcuno potrebbe definirla l'origine della follia. Tutto il mondo persino quello animale è incentrato sul concetto di sopravvivenza del più bravo, del più forte e del più dotato.

Di certo Madre Natura non permette al lupo più ritardato di diventare capobranco o al tonno più lento di sfuggire alle fauci di qualche squalo bianco. L'assenza di meritocrazia in Italia e la sua sistematica fossilizzazione a valore centrale nella vita amministrativa ed imprenditoriale del nostro Paese prende forma proprio con le varie riforme scolastiche che abbiamo avuto negli ultimi due decenni. Se torniamo indietro a 25 anni fa, sicuramente chi ha la mia età si ricorderà dei suoi primi anni di scuola superiore. Le possibilità che allora un ragazzo aveva davanti a sè in termini di cursus honorum erano strettamente collegate ai risultati o alle difficoltà raggiunti durante il triennio della scuola media.

¼ dei vostri compagni di classe di allora abbandonava lo studio per entrare nel mondo del lavoro come solitamente apprendista operaio o artigiano, 1/3 dei compagni di classe si divideva tra i vari istituti tecnici (geometri, periti industriali e ragionieri), un secondo terzo si iscriveva alle varie scuole professionali ed infine quei pochi che rimanevano venivano iscritti ai vari licei (classico, scientifico, linguistico ed artistico).

Uso il termine venivano in quanto tale decisione era più un vezzo della loro famiglia che un effettivo desiderio di intraprendere quel percorso di studi. All'epoca in gergo giovanile chi andava a scuola in un liceo era etichettato come una sorta di cremino o di figlio della nuova borghesia italiana rampante (erano gli anni dello yuppismo).

Tra l'altro era anche una sorta di status sociale poter dire mio figlio è iscritto al classico o allo scientifico. La favola che mi è stata sempre raccontata è che il liceo avrebbe consentito una formazione multidisciplinare con un'infarinatura a 360 gradi su molti campi applicativi, che sarebbe stata utile soprattutto in caso in cui successivamente si sarebbe deciso di accedere agli studi universitari.

Chi frequentava il liceo veniva chiamato "liceale" dagli altri suoi coetanei, ma il termine liceale aveva una connotazione dispregiativa, della serie "figlio di papà" o "pseudo intellettuale che se la tira" o "sfigato con i libri di latino dentro lo zaino". Stando ai moniti dell'epoca, la fatica di quegli studi privi di applicazione pratica nella vita di tutti i giorni sarebbero poi stati ripagati ampiamente nel tempo. Purtroppo anche questa fu una grande favola di gioventù. Il liceo non solo non è servito a nulla, ma nel tempo si è dimostrato un grande limite per il mercato del lavoro. Non è la scuola che fa la differenza, ma l'individualità e l'ambiente in cui ognuno decide di dare sfogo e forma al proprio destino.

Oggi stando alle graduatorie di iscrizione per il prossimo anno ormai oltre il 60% dei ragazzi italiani si iscrive al liceo, ¼ viene attirato dagli istituti tecnici ed il restante ¼ nelle altre varie categorie scolastiche (professionali e private). Il liceo di oggi di certo non è quello di 25 anni fa, ormai è un percorso di studio che fa ridere e non serve assolutamente all'attuale mondo del lavoro, al pari di quasi tutti i corsi di laurea ormai sviliti più alla pari di una raccolta punti delle merendine.

Mi permetto di fare queste considerazioni avendo insegnato temporaneamente tanto nelle scuole superiori italiane quanto nelle università. Ai genitori sconsiglio vivamente di iscrivere i loro figli nei licei di oggi e tanto meno di avviarli post liceo al mondo universitario a meno che non si trattino di quelle facoltà in cui oggettivamente si studia e non si sta parcheggiati in attesa dei 25 anni per presentarsi sul mercato con un'inutile laurea in scienza delle comunicazione o in marketing aziendale. Siamo in piena rivoluzione industriale, la scuola italiana è incapace di fornire una formazione in grado di preparare i ragazzi al nuovo mondo che verrà, probabilmente un percorso di studi non convenzionale può dare quella soddisfazione e smarcamento sociale in grado di creare gratificazione tanto professionale quanto reddittuale. Tra 25 anni vedrete che fine faranno i vari liceali diplomati nei prossimi cinque anni. Già vedo come sono ridotti i miei coetanei che non sono arrivati alla laurea, per i vostri figli sarà ancora peggio. Rircordate, la scuola serve per selezionare e formare, non per sbandierare il vostro status economico nella società.

DISCO SBOOM
pubblicato il 25.09.2015

Se c'è qualcosa di cui ho nostalgia sono gli anni Novanta: avevo da poco terminato le scuole superiori, iniziavo ad avere qualche banconota da centomila lire in tasca ogni settimana, mi apprestavo a studiare economia all'università ed avevo la patente di guida da qualche anno assieme ed una modesta utilitaria usata per dare sfogo alle prime scorribande giovanili. All'epoca i miei genitori misero al bando il motorino e pertanto passare dalla bicicletta ad un proprio mezzo di locomozione a 50 cavalli fu come andare sulla Luna. In quegli anni Facebook non esisteva, al pari di internet e della Play Station, i ragazzi e le ragazze di quel periodo avevano un solo unico mantra: la discoteca.

Tra il 1990 ed il 1999 si sono vissuti i dieci anni più entusiasmanti e carismatici di ogni epoca giovanile del passato. La discoteca per chi allora era appena ventenne rappresentava una sorta di Second Life, un mondo parallelo che iniziava alle 22.00 e terminava di solito alle 04.00 del giorno successivo. Vi erano riviste settimanali dedicate al mondo della notte, negozi specializzati esclusivamente all'abbigliamento per i locali da ballo (qualcuno forse si ricorda ancora la catena di shop denominata Inferno & Suicidio), trasmissioni radiofoniche e televisive che intervistavano i dee jay ed i vari producers musicali che lanciavano periodicamente il sound riempipista per ogni stagione, due su tutti Please Dont'Go o Rithm is a Dancer.

E poi c'erano loro, le discoteche, queste arene di ballo e sballo, icona simbolo del popolo della notte. Tutto questo ora fa parte, purtroppo, del passato, scomparso quasi fosse solo stato una meteora, proprio come è scomparso quella tipologia di divertimento tutto sommato molto più genuina e spontanea rispetto al comportamento amorfo dei giovani di oggi tutto incentrato sulle interazioni virtuali dei social network e sulla assuefazione da slideshot di smartphone & company.

Chi oggi ha vent'anni e pertanto era appena nato durante quel decennio, non ha nemmeno idea di che cosa si è perso e di che cosa non ha potuto toccare con mano. Ricordo che allora tra i tanti disco club che frequentavo (venerdi, sabato e domenica) ve ne erano alcuni che facevano anche duemila ingressi a sera con le relative code in auto per avvicinarsi ai vari parcheggi.

Tra noi ventenni si fantasticava spesso quanto avesse incassato la tal discoteca a fronte della serata che si era trascorso la sera prima, di quanto tempo avevi dovuto aspettare ai bar interni prima di essere servito o a quanto tempo ci si impiegava per farsi accreditare alle liste dei PR come guest in modo da entrare con una tariffa scontata di cortesia (diecimila lire quando ti andava bene, altrimenti erano venti o anche venticinquemila).

Molti di noi sognavano di diventare un giorno gestori di un locale da ballo perchè sembrava un mestiere gratificante, socialmente molto invidiato ed anche molto ben retribuito. Sembrava, appunto. Meno male che nessuno di quelli che appartiene al mio cerchio magico ha intrapreso quella strada. Già nei primi anni del 2000 la musica era cambiata, ma non quella delle piste, quanto quella dei gestori e dei dei proprietari: ingressi costantemente in calo (quasi fosse stata una maledizione l'entrata nell'euro o lo spauracchio del millennium bug), clienti potenziali con sempre meno il desiderio di cavalvare musicalmente la notte, quasi come se il tutto si fosse ormai trasformato in una spocchiosa moda passeggera.

Sono passato di sera alcuni mesi fa innanzi ad alcune discoteche storiche del vicentino e mi si è fermato il cuore. Boom, Expo, Macrillo, Decò, Dimodà sembrano diventate macerie post bombardamento o edifici abbandonati a causa di un sisma. La sensazione che si prova fermandosi a ricordare come pulsavano di vita appena due decenni prima quelle discoteche è devastante, soprattutto per chi da giovane in quei locali ha vissuto la gran parte dei primi approcci con l'universo femminile.

Questo non vale solo per Vicenza, ma quasi ovunque, da Jesolo a Rimini, da Milano a Palermo, la discoteca non esiste più o se non altro non esiste più quel tipo di discoteca ed il night life ad esso collegato. All'epoca non esistevano i selfie o le macchine fotografiche digitali: rimpiango di non aver mai portato in discoteca anche una vecchia Polaroid per immortalare uno di quei momenti, in mezzo alla pista o sul priveè con qualche cubista in pedana. Pensare invece che oggi si va in questi pseudo-locali che si fanno chiamare disco club con il fine unico di farsi fotografare con l'amico/a di turno per postare la foto su qualche social aspettando il commento degli altri: più che disco-club si dovrebbe chiamare manicomio-club.

La droga esisteva anche allora, ma in quantità molto più modesta rispetto ad oggi ed era soprattutto sintetica (Spectrum e Starlight erano le pastiglie di ecstasy più diffuse). L'ultimo flashback che ricordo di quel periodo risale al 1999, quando all'interno di una toilette maschile vidi adagiato sul pavimento un giovane ragazzo in overdose con una siringa in mano. Chi oggi è molto giovane forse non ha conoscenza di quel tragico fenomeno giovanile che ha caratterizzato sempre quel decennio: le stragi del sabato sera, di cui adesso non sentite più parlare grazie ad auto moderne molto più sicure e grazie all'aumento sistematico dei controlli sulle strade.

Personalmente sono stato vittima di due incidenti quasi mortali a distanza di due anni l'uno dall'altro con l'auto semidistrutta o scaraventata giù da una scarpata. Miracolasamente ne sono uscito illeso. Molti amici e conoscenti invece li ho persi in quanto la sorte ha riservato loro un trattamento diverso. Il mondo delle discoteche degli anni Novanta ci ha prima sorpreso ed entusiasmato con il suo boom e successivamente scioccato e rattristato con il suo sboom: quello che ad inizio 1990 sembrava una miniera d'ora, appena dieci anni dopo si era trasformato in una catapecchia abbandonata. Probabilmente quel decennio ha rappresentato per il nostro Paese il culmine di una fase di crescita e benessere economico che ha prodotto un desiderio di spensieraterzza e divertimento il quale ha trovato sfogo e materializzazione proprio nel mondo della notte legato al discoteche. Non rivedremo mai più niente del genere, semmai qualcosa diametralmente opposta.

COME GLI ETRUSCHI
pubblicato il 04.03.2016

Alcune settimane fa sono stato ospite di un conviviale organizzato da un'associazione di piccole e medie imprese operanti in Veneto, il tema che ho trattato durante la mia esposizione era incentrato sull'evoluzione dell'attuale scenario economico e di richiamo anche su quello politico. All'incontro hanno partecipato anche numerosi professionisti (notai, commercialisti, avvocati ed architetti) invitati come auditor esterni.
Come sempre alla fine dell'evento è stata organizzata una cena istituzionale cui hanno partecipato tutti i presenti. Al di là delle tematiche finanziarie molto calde del momento (bail-in e banche venete) che hanno

interessato i commensali più che altro per proprie preoccupazioni finanziarie personali, arrivati al momento del dessert, il fulcro della conversazione si è spostato sulla politica italiana.
Quasi tutti quelli che sedevano al tavolo con me hanno esternato il proprio disgusto e ribrezzo per questo o quel partito, facendo presente di come al momento non si intraveda nessuna oggettiva speranza di miglioramento della governance per l'intero Paese.
A quel punto ho calato l'asso. Ho posto a ognuno di loro il seguente quesito: da domani sarete il Primo Ministro in Italia, ditemi i primi tre provvedimenti che attuereste, anche senza un'idea pratica di copertura finanziaria. Sedevano con me allo stesso tavolo, imprenditori molto affermati sul loro settore, due avvocati, un commercialista e svariati consulenti di direzione aziendale. Non sono riuscito a raccogliere risposte esaustive e soprattutto complete. Nel senso che qualcuno ha farfugliato il mantra di togliere i privilegi ai politici, qualcun altro di abbattere la pressione fiscale, qualcun altro ancora di far funzionare la giustizia. A questa voce ho calato allora il secondo asso. Ho chiesto ai due avvocati presenti, che cosa proporrebbero per risolvere gran parte dei problemi della giustizia italiana se fossero a capo del relativo ministero. Nessuno dei due è riuscito a elencare tre specifici interventi mirati da implementare: si sono limitati a inveire nei confronti della magistratura e nella classe politica precedente che ha messo mano alla prescrizione per alcuni reati.
Per me non è una novità che tanto imprenditori quanto professionisti non abbiano almeno tre punti ben chiari su cui intervenire per tentare di avviare un'operazione di risanamento nazionale. Non so spiegarmi da cosa dipenda questa incapacità, tuttavia ho riscontrato che è

sempre più diffusa trasversalmente. Se parlate con uno a caso dei vostri conoscenti vi dirà anche lui che è necessario ridimensionare o proprio abolire i vari privilegi politici di chi ci governa, dai vitalizi alle auto blu.

Fosse veramente quello il problema in Italia, allora potremmo avere ancora una speranza. Di altra natura e spessore sono le aree di intervento cui dovremmo concentrarci. Recentemente abbiamo recepito le nuove proiezioni demografiche dell'ISTAT che evidenziano un Paese ormai in default demografico, default attribuibile tanto alla crisi delle nascite ai minimi dal 1946 e dalla diaspora di nostri connazionali verso altri paesi (oltre centomila nel 2015) che cercano una scialuppa di salvataggio per la loro azienda, per la loro famiglia e per la loro pensione. Lo scorso anno una città grande come Vicenza si è trasferita fuori dai confini italiani, trascinando con sé imprenditori, esodati, pensionati e laureati. Chi crede alla propaganda del regime renziano di un futuro migliore o della favola "la volta buona" è un povero illuso. Il destino della nostra nazione è scritto da ormai più di un decennio, faremo la stessa ingloriosa fine degli Etruschi.

Questa antica popolazione italica vissuta per lo più nel centro della penisola è stata il focolaio di origine della civiltà italiana. Proprio come gli Etruschi influenzarono in misura significativa le popolazioni che occuparono la penisola dopo il loro declino, così allo stesso modo abbiamo fatto noi italiani con il resto del mondo, sino all'avvento delle spinte e pressioni globalizzanti a cui ci siamo arresi.

Gli Etruschi non rappresentavano più di tanto un unico ceppo etnico quanto piuttosto un'insieme di diverse popolazioni accomunate da lingua, usanza e religione (pensate alle nostre regioni attuali al riguardo) oltre che ad una medesima forma amministrativa, le città-stato. Il loro declino, dopo i fasti e l'epopea di un'espansione dirompente tanto a Nord quanto a Sud (pensiamo al Miracolo Economico) fu causato proprio dalla lenta e progressiva decadenza e inadeguatezza dei loro centri amministrativi, incapaci di contrastare e contenere in ottica di regia sovrana l'emersione di altre civiltà allora più pragmatiche, Roma a Sud e i Celti a Nord (pensate all'Asia ed all'Africa nel nostro caso).

Al lento declino susseguì il dissolvimento sociale, proprio come sta avvenendo in Italia. L'unico espediente che possa in questo momento produrre (forse) un mutamento di scenario atteso, modificando le sorti che ci stanno attendendo, è rappresentato da uno shock fiscale di portata dirompente. Una massiva manovra di riassestamento ed abbattimento della spesa pubblica di almeno 200 miliardi che possa permettere un abbassamento sostanziale di oltre una dozzina di punti percentuali nella tassazione corporate e personal, oltre all'eliminazione di imposte introdotte con finalità sperequative (tipo l'irap o la tassazione sui risparmi e gli immobili), aumentando in questo modo a parità di salario o rendita, il reddito netto disponibile.

I capitoli di spesa da colpire sarebbero individuabili in due grandi fronti, pensioni e welfare (assistenza sanitaria) oltre al ridimensionamento di talune poste contabili tanto denigrate dall'opinione pubblica, come gli oneri di mantenimento degli organi costituzionali. L'Italia non è finanziariamente in grado di rendere sostenibili tali comparti dello stato sociale in termini di fruibilità nei successivi dieci anni, esponendosi inoltre, visto il loro costante accrescimento, a compromettere anche la sostenibilità dello stesso debito pubblico.

Per il nostro Paese si parla da alcuni anni di scenario sempre più simile a quello ellenico, e proprio come ha fatto la Grecia si continua a posticipare e spostare in avanti sino al punto in cui non si potrà più farlo. Per la cronaca, per far comprendere a chi legge che cosa dovrà digerire il parlamento greco nei prossimi mesi, vi è in cantiere una riforma strutturale (su pressione dell'Europa post prestito ponte) volta a istituire un importo di pensione uniforme su base nazionale pari al 60% del reddito medio netto calcolato dal relativo istituto di statistica nazionale.

Significa in sintesi che sulle pensioni (se passerà la riforma) si assisterà ad un'operazione tabula rasa (mai visto prima) in cui tutte le pensioni oggi erogate verranno azzerate e sostituite da un vitalizio comune per tutti i pensionati a prescindere dal loro passato lavorativo. Lo stesso importo tanto al top manager quanto al bracciante agricolo, questo per consentire una vita decorosa a tutti dopo l'uscita dal mercato del lavoro (la vera essenza del socialismo). Quindi chi oggi ha una pensione molto elevata o sopra la media o artificiosamente alta grazie a contributi previdenziali figurativi, vedrà abbattersi la scure. A tal punto i versamenti previdenziali verranno sostituiti e riconfigurati in oneri fiscali. Qualcosa di similare colpirà presto anche l'Italia e altri paesi europei come Francia, Finlandia & Company che hanno hanno oggi un peso insostenibile del welfare rapportato al loro PIL. Si tratta solo di aspettare. Non penso di sbagliarmi di tanto.

THE FIGHT BETWEEN GENERATIONS
pubblicato il 31.03.2016

Se provate a chiedere ad un vostro conoscente o collega quali sono gli argomenti core in Italia che dovrebbero

essere oggetto di una ridefinizione o di un consistente riassetto legislativo, sentirete in sequenza i seguenti: classe politica ed organi costituzionali, corruzione dilagante, debito pubblico e pubblico impiego.
Nella maggior parte delle casistiche raramente troverete qualcuno che inserisce anche la spesa previdenziale ossia il sistema pensionistico e le rendite che questo ogni anno paga. Si ha come una illusoria percezione che le pensioni sono una sorta di tematica intoccabile, quasi come una vacca sacra che nessuno si può sognare di manipolare, contestare o modificare.
Me ne rendo conto molto bene anche quando mi capita di parlarne all'interno di qualche palinsesto mediatico o qualche tavola rotonda tra imprese e parti sociali quando mi permetto di accennare alla necessità di un riassetto corposo ed invasivo dell'intero apparato previdenziale, in quelle occasioni si sollevano spesso anche critiche o denigrazioni piuttosto pesanti o a sfondo poco edificante. Della serie toccate tutto tranne le pensioni. Proprio qui si infrangerà presto l'illusione italiana nel senso che ancora ad oggi si dà per scontato che la necessità di intervenire sulle rendite pensionistiche possa essere procastinata ad infinitum. Continuate a sognare e quando vi sveglieranno inizierete a vivere presto un incubo.
Provo a partire da lontano per far comprendere questo tema e le sue implicazioni dirette per la fiscalità nazionale. Quante volte avete sentite all'uopo qualcuno in giovane età dire tanto io non avrò la pensione o se ce l'avrò questa sarà di importo talmente risibile che non mi consentirà ne di avere una vita decorosa e né tanto un livello di sopravvivenza.
Eppure a queste esternazioni, manifestate quasi con uno stato di mera rassegnazione, non corrispondono comportamenti razionali atti a risolvere un

significativo problema che si dovrà sostenere nel futuro, praticamente certo. Per gli italiani, anche quelli molto giovani, ho notato negli anni il confidare quasi maternamente alle cure ed alle soluzioni che i vari organismi di governo attueranno o proporranno, quasi come se il problema della propria rendita pensionistica non fosse un loro problema, ma piuttosto uno dello Stato o di qualche organo costituzionale.

Niente di più fuorviante ed aberrante. Chi oggi ripone fiducia nello Stato e nelle sue varie emanazioni sta vivendo di illusioni enfatizzate dai vari cantastorie. Come vivrete da anziani e su che cosa potrete effettivamente contare dipende esclusivamente da voi, soprattutto se non siete boomers. Qui si deve aprire una parentesi per spiegare il tutto e far comprendere la faida ed il furto intergenerazionale che si sta perpetrando all'interno della nostra popolazione (attenzione, il tutto non vale solo per l'Italia, anche altre nazioni hanno dei driver similari di andamento insostenibile della spesa pensionistica). L'odierna popolazione in vita può essere suddivisa in cinque classi di appartenenza per generazione di nascita. Quella più anziana è la Greatest Generation chiamata così dal giornalista americano Tom Brokaw, riferendosi a persone che crebbero durante la Grande Depressione e combatterono anche durante la Seconda Guerra Mondiale: stiamo parlando pertanto di persone molto anziane che oggi, se ancora in vita, potrebbero essere ultranovantenni o addirittura centenari.

La loro pensione è rappresentata dalla famiglia che si sono costruiti, ed in ogni caso vista la loro età hanno altro a cui pensare al momento. Dopo la Greatest Generation troviamo la Silent Generation, ossia tutti coloro i quali sono nati tra il 1925 ed il 1945, pertanto persone che oggi sono decisamente anziane in età avanzata, nate e cresciute in un secondo momento storico molto difficile durante il secolo passato, la fine di un conflitto militare e la successiva fase di ricostruzione e stabilizzazione economica.

A causa delle difficili condizioni finanziarie del periodo in questione, i tassi di natalità rispetto alla generazione precedente subirono una consistente contrazione. Queste persone, che oggi possono essere ottantenni o novantenni, hanno sempre riposto grande fiducia nelle istituzioni e manifestato un grande senso di appartenenza patriottica al loro Paese (pensiamo al ruolo dei governi durante la ricostruzione postbellica). Dopo la Silent Generation arriviamo alla Boomer Generation e qui iniziano i problemi. Sostanzialmente sono tutte le persone nate tra il 1946 ed il 1963, le quali hanno potuto contare su una fase di prosperità e stabilità economica data dalla fine di un conflitto militare su scala mondiale.

Questa generazione è caratterizzata da elevati tassi di crescita demografica (per ovvie ragioni) ed anche da notevoli contributi alla propulsione economica: richiesta di beni di consumo, investimento in immobili e necessità di risparmiare per consentire alla loro progenie di conseguire alti livelli di formazione scolastica. A questa generazione ogni governo ha dato ogni sorta di protezione: sociale, previdenziale, assicurativa e medicale. Sostanzialmente la Boomer Generation rappresenta la parte della attuale popolazione vivente che vanta i migliori standard di fruizione dei rispettivi sistemi di welfare.

I modelli econometrici e previdenziali calcolati per sostenere le pensioni a chi appartiene a questa generazione sono insostenibili finanziariamente (non esclusivamente per avverse dinamiche demografiche) e pertanto si deve attingere a risorse finanziarie attribuite alle generazioni successive le quali non si trovano ancora nelle condizioni di potersi ritirare dal mercato del lavoro.

Questa generazione inoltre ha potuto anche contare sulle migliori cure e modalità di assistenza sanitaria sempre a scapito di quelle successive che hanno consentito un notevole allungamento della speranza di vita. Dopo la Boomer Generation, possiamo trovare la X Generation ossia chi è nato tra il 1964 ed il 1980, e si è trovato a vivere in un mondo di transizione, con la fine del comunismo e l'inizio del turbocapitalismo. Solitamente questa generazione è considerata disorientata sia in termini di valori che di identità culturale per il delicato momento storico in cui è stata catapultata in cui un mondo stava finendo ed un altro stava iniziando.

Successivamente alla X Generation, troviamo la Y Generation detta anche Millenial Generation, coloro i quali sono nati tra i primi anni Ottanta ed i primi anni del nuovo Millennio. Per loro la pensione sarà un enigma stando ai parametri di lettura attuali ed alle più autorevoli proiezioni demografiche. Chiudiamo con la Z Generation ovvero chi è nato in questi ultimi dieci anni, i bambini appena nati con l'Ipad dentro la culla: per loro la pensione sarà un altro enigma avvolto dentro un mistero segregato all'interno di una cassaforte di cui nessuno ha la chiave.

Tornando tuttavia a noi, l'insostenibilità finanziaria delle attuali rendite pensionistiche soprattutto, quelle dei boomers, ci deve proiettare alle prossime (pianificate) operazioni di finanza pubblica volte a tentare di riequilibrare le poste contabili tra la Boomers Generation e la X Generation in modo da poter arrivare sino al 2040 quando si presume che per quell'epoca i boomers saranno ormai trapassati a miglior vita. Stiamo parlando comunque di una revisione significative delle rendite che oggi vengono erogate, di cui conosciamo la consistenza figurativa dei relativi montanti contributivi. La gestione delle casse di previdenza pubbliche, senza le prestazioni assistenziali, supera in Italia abbondantemente i 190 miliardi di euro ossia il 20% del bilancio dello stato italiano.

Molto presto la ridefinizione delle rendite pensionistiche pregresse, quelle che si pensava fossero intoccabili o diritti acquisiti, aprirà un altro vaso di Pandora e farà comprendere anche a chi ha oggi la pensione da svariati anni che il suo vitalizio non è una questione dello Stato o del Governo, ma esclusivamente un suo problema. Ed anche la Z Generation a quel punto si troverà come la X Generation in una nuova epoca di transizione in cui le certezze dei padri diventeranno gli incubi dei nipoti.

FENOMENOLOGIA ITALIANA
pubblicato il 08.12.2016

Gli Italici. Questo termine non rappresenta una novità in quanto proviene dal percorso storico del passato che ha dato vita e formato l'essenza della nazione italiana che tutti conoscono oggi. Sostanzialmente con questo termine si identificavano migliaia di anni fa le popolazioni autoctone stanziali di quella penisola nel mezzo del Mar Mediterraneo le quali in seguito ad una lenta e travagliata evoluzione avrebbero dato vita nel corso dei secoli a quella che sarebbe diventata l'Italia odierna.

Gli italici rappresentavano un ceppo indoeuropeo unitario accomunato dal medesimo idioma espressivo, distinto da quello germanico o da quello celtico. Non devono essere confusi con gli etruschi o con i veneti, in quanto rispetto a questi ultimi avevano insediato tutta la dorsale appenninica della penisola arrivando sino a quella che oggi chiamiamo Calabria. Proiettandosi in avanti sino ai giorni nostri al tempo della crisi economica e politica infinita che contraddistingue adesso l'Italia, gli italici rappresentano la parte preponderante della popolazione, quella più caratteristica e dinamica dell'intera nazione: sono loro mediante il loro operato di tutti giorni che continuano a permettere la distinzione del concetto di italianità in tutto il mondo, quella caratteristica che ci viene ammirata ed invanamente emulata. Sono anche quelli che in buona fede continuano a sperare e sognare una nuova fase di rinascita e propulsione economica.

Gli Italiaoti. Originariamente questo termine ha forse le origini storiche più antiche addirittura degli italici, visto che a coniarlo sono stati proprio i greci per indicare quella parte della loro popolazione che si era trasferita a vivere nella parte meridionale della penisola italiana chiamata un tempo Magna Grecia. Con il tempo questa denominazione almeno sul fronte storico è andata in disuso, mentre è riapparsa in questi ultimi dieci anni nelle cronache politiche della nazione italiana con lo scopo di identificare una parte minuta della popolazione italiana schierata con un ideologia politica ormai completamente fallimentare.

Il folklore giornalistico dei nostri tempi ha riesumato questo vocabolo facendo osservare che in realtà rappresenta un elisione di due parole italiane ossia italiani idioti da cui italioti. Questa fetta della popolazione proprio come i loro antenati ellenici trasferitisi a vivere in quella che sarebbe diventata oggi l'Italia continua a distanza di millenni a filosofeggiare sul nulla, imponendo e impartendo lezioni di

correttezza, buon senso e lungimiranza a tutto il resto della popolazione, come se questi fossero i soli detentori della verità e della realtà attuale. In rapporto allo odierno scenario di crisi economica che contraddistingue il nostro Paese, sono i soggetti che propongono politicamente scelte e strategie di ipotetica propulsione economica dichiaratamente fallite in tutto il mondo. Per mantenere il loro status quo impongono al resto della popolazione imposte e gabelle con il solo scopo di alimentare e proteggere il loro rango e debilitare tutti gli altri. Rappresentano il cancro di tutta la popolazione.
Gli italopitechi. Il genere umano, antropologicamente, sembra trovare evolutivamente parlando un primo punto di partenza in una famiglia di scimmie antropomorfe denominate australopitecine (il maschio è stato nominato austrolopiteco, la femmina di questa specie più famosa al mondo è Lucy). Il vocabolo ha origine dalla lingua latina ossia scimmia del sud in forza del suo ritrovamento e diffusione nei territori orientali dell'Africa subsahariana. Questa specie di nostri progenitori è riuscita ad imporsi su altre specie di primati ed ominidi bipedi in circolazione per svariati milioni di anni grazie alla sua capacità di competizione ed ingegno riconducibili alle risorse disponibili in loco, dopo di che in assenza di evoluzione cerebrale ha visto lentamente la sua scomparsa circa due milioni di anni fa, surclassata e gabbata da altre specie di scimmie più intelligenti.
Gli italopitechi rappresentano quella parte della nostra popolazione che in passato ha saputo imporsi ed ottenere gratificazione economica e sociale proprio grazie alla sua capacità di essere duttile e pragmatico in un mondo in cui la competizione sostanzialmente si svolgeva in un raggio di poche centinaia di kilometri.

Tuttavia quando circa vent'anni fa il modello di sviluppo economico mondiale si è modificato a seguito della globalizzazione, questi nostri connazionali non hanno né percepito il cambiamento e né hanno fatto qualcosa (a causa di limiti intellettuali) per provare a individuare una nuova dimensione di vita.

Qui dentro troviamo molte casistiche di italianità: dal vecchio imprenditore artigiano di fine anni ottanta al risparmiatore privato abituato ai tassi di interesse a doppia cifra dei titoli di stato. Purtroppo questi nostri connazionali in termini evolutivi sono già estinti, lasceranno nel migliore dei casi patrimoni finanziari o immobiliari che lentamente verranno erosi e consumati soprattutto per l'operato ed influenza degli italioti.

Gli Italianici. Nel 1912 il transatlantico britannico conosciuto in tutto il mondo con il nome di Titanic naufragò tragicamente, sottraendo la vita a 1518 passeggeri dei 2223 presenti a bordo che parteciparono al primo viaggio inaugurale del piroscafo. Sulla vicenda sono stati girati teledocumentari, film campioni di incasso e migliaia di scritti anche durante l'epoca di allora. Tra le tante note storiche di rilievo che riguardano questa tragedia del mare, ha fatto scuola l'orchestra presente a bordo che continuava a suonare mentre il transatlantico aveva iniziato la sua fase di lento inabissamento dopo l'impatto con il fatidico iceberg colpito lunga la sua rotta di navigazione.

La maggior parte dell'equipaggio e dei passeggeri ha confidato di potersi salvare grazie alla presenza visibile di scialuppe di salvataggio ed al fatto soprattutto che in qualche modo qualcuno sarebbe intervenuto in loro soccorso (magari anche in tempo).

Questo comportamento insensato è stato riscontrato tanto nelle persone di alto rango sociale quanto in quelle dai mezzi economici limitati. Gli italianici sono italiani che stanno viaggiando sul Titanic Italia e credono ingenuamente che quanto stia accadendo al Paese non li riguardi perchè in qualche modo arriveranno le scialuppe a salvarli dal fondo degli abissi. Queste persone il cui animo spesso è nobile e puro, purtroppo si vedranno strappare di mano la vita o meglio un certo stile di vita che pensavano fosse intoccabile o inaggredibile, proprio come i passeggeri del Titanic pensavano fosse inaffondabile.

I troiani. Nella mitologia greca, la città di Troia deriva il suo nome dal suo epico sovrano chiamato Teucro, il quale guidò assieme alla sua popolazione ed alla sua discendenza la resistenza agli attacchi degli Achei: una coalizione di popoli ellenici che in quell'epoca governavano e dettavano legge su tutto e tutti, desiderosi di stroncare la bellezza e potenza di una civiltà rivale.

Con la caduta e la conquista di Troia (in latino conosciuta come Ilium, a cui si ispira l'Iliade di Omero), quasi tutta la popolazione viene sottomessa, accettando la sconfitta ed il governo della loro terra natia da parte di nuovi conquistatori. Solo una piccola parte di loro, riuscì a non farsi sottomettere scappando e rifugiandosi in un altro territorio considerato allora ospitale: le coste italiane del Mar Tirreno e del Mar Adriatico, dal quale poi ebbero vita nuovi grandi insediamenti urbani di prestigio storico come Roma e Padova.

I troiani di oggi invece sono i nostri connazionali che decidono di non perire qui innanzi all'assedio del loro Paese da parte di una coalizione di popolazioni straniere che hanno deciso di prendere possesso della nazione grazie soprattutto alla complicità e falsità di tanti italioti.

Questi troiani d'oggi prendono e partono anche loro per altri lidi considerati più ospitali ed accoglienti,

lasciandosi alle spalle l'oppressione fiscale e la deriva italiota.
Dove si insediano e decidono di ripartire con un nuovo progetto di vita (professionale, imprenditoriale e familiare) solitamente nascono nuove comunità fiorenti ed ammirate dalle altre genti autoctone, il tutto amalgamato dal rimpianto e dalle gesta dell'italico splendore di un tempo.

INSIDE JOBS ACT
pubblicato il 26.01.2018

Nonostante sia stato approvato oltre due anni fa vi sono ancora numerose persone che non si rendono conto che cosa sia effettivamente il Jobs Act e che cosa abbia prodotto. Soprattutto si può rimanere attoniti alle esternazioni di alcuni rappresentanti del PD che si vantano dei risultati occupazionali prodotti grazie al varo di questa riforma sul diritto del lavoro: soprattutto Renzi non fa altro che ostentare il successo delle sue politiche occupazionali nei suoi precedenti anni di governo. Andiamo per gradi e vediamo se effettivamente è proprio così. Tanto per cominciare il nome: la maggior parte dei lettori penserà che si chiami Jobs Act in quanto riguarda il lavoro (in inglese, jobs significa mestieri o professioni).
Non è così: il termine lo hanno fregato a Barack Obama il quale durante i suoi mandati varò il Jumpstart Our Business Startups Actp semplificato in J.O.B.S. Act. Dal punto di vista normativo è composto da molteplici decreti emessi durante il 2015 che ne hanno formato step by step il corpo giurisprudenziale finale.
Per sintetizzare e consentire la facile comprensione degli effetti di questa riforma del lavoro possiamo

individuare le seguenti due grandi novità introdotte da questo strumento normativo. Il primo è l'istituzione dei famosi contratti a tempo indeterminato a tutele crescenti. Qui dobbiamo subito fare chiarezza, in quanto non viene istituita nessuna nuova tipologia contrattuale come invece si potrebbe immaginare, (e sempre più spesso viene sbandierato) semplicemente viene istituito un regime sanzionatorio predefinito.

Dal punto di vista pratico infatti, il Jobs Act consente al datore di lavoro, in caso di licenziamento senza giustificato motivo di versare al lavoratore dipendente un indennizzo pari a due mesi di stipendio per ogni anno lavorativo. L'indennizzo ha comunque un tetto ossia sei mensilità per aziende con meno di 15 dipendenti e massimo 24 mensilità negli altri casi.

Il Jobs Act non è retroattivo vale solo per chi è stato assunto da Aprile 2015 e non vale per il settore pubblico. La seconda novità è rappresentata dalla modifica all'articolo 18 dello Statuto dei Lavoratori che produce la decadenza del reintegro nel posto di lavoro in caso di licenziamento ingiustificato: il lavoratore dipendente in tal senso si dovrà accontentare solo di un indennizzo prestabilito. Rimane l'obbligo di reintegro solo nel caso di licenziamento discriminatorio o soggettivo.

La finalità normativa appare evidente: evitare le cause di lavoro per licenziamento con i relativi tempi e costi, che in via preventiva non si possono quantificare in quanto in precedenza il tutto veniva rimesso ad un giudice. Chi avesse letto il Manifesto Economico per l'Italia pubblicato durante il 2013 potrà trovare un similare impianto normativo sul RUDAL che avevo ideato (ossia risoluzione unilaterale del datore di lavoro).

Il Jobs Act pertanto ha consentito di trasformare e

stabilizzare molti contratti di lavoro a tempo determinato che per le tipiche problematiche italiane del mondo del lavoro rimanevano tali per i rischi ignoti a cui va incontro un imprenditore che decida di assumere un collaboratore a tempo indeterminato.
Un environment sindacale meno ostile grazie al Jobs Act e la certezza dell'onere economico da sostenere in caso di licenziamento illegittimo ha creato le condizioni per migliorare il quadro occupazionale, favorendo pertanto le assunzioni (leggasi anche conversioni) a tempo indeterminato. Tuttavia questo non è sufficiente a giustificare gli oltre 900.000 posti di lavoro creati dall'inizio del 2014 alla fine del 2017 che Renzi sostiene sono imputabili esclusivamente al suo operato ed al suo Jobs Act. Sussistono infatti due fattori determinanti che non sono correlati al Jobs Act: il primo è rappresentato dalle politiche di bilancio implementate durante la sua guida, politiche che ovviamente hanno avuto il benestare se non la firma di Giancarlo Padoan. Stiamo parlando infatti del corposo programma di detassazione contributiva riconosciuta ai datori di lavoro nei confronti dei neoassunti. Nello specifico parliamo dello sgravio totale riconosciuto sui primi tre anni di assunzione, successivamente ridotto al 40% sui primi due anni.
Verso la fine del 2015 si ricordano molto bene le corse in affanno per regolarizzare le posizioni a tempo determinato al fine di beneficiare del bonus contributivo. Siamo certi di questa causa/effetto in quanto se analizziamo la dinamica di evoluzione dei nuovi rapporti di lavoro scopriamo che quelli a tempo determinato sono ritornati a crescere quantitativamente più di quelli a tempo indeterminato una volta esauritosi i benefits contributivi per le nuove assunzioni, mentre quelli cosidetti atipici hanno

registrato performance in aumento degne di una criptovaluta (solo i contratti a chiamata oltre il 120%).
A questo punto appare di buon senso effettuare anche una stima dei danni. Inutile sbandierare fantomatici risultati se questi in realtà impattano pesantemente sui conti pubblici. Di fatto la decontribuzione ossia i bonus per chi aveva assunto è stata messa in conto alla fiscalità diffusa. Anzi è andata a sommarsi al debito pubblico complessivo in termini di copertura finanziaria. Siamo certi di questo perchè come sempre troviamo conferma all'interno del Rendiconto Generale dello Stato e dalle sue rilevazioni a consuntivo. Pertanto scopriamo che, come già ebbi modo di evidenziare in precedenza, il conto delle politiche di incentivazione del lavoro durante i mille giorni di Renzi ha un peso decisamente rilevante: 28 miliardi.
Il calcolo può essere riscontrato con facilità da chiunque: è sufficiente in tal senso esaminare il Rendiconto Generale dello Stato per gli anni 2015 e 2016 alla voce "politiche passive del lavoro ed incentivi all'occupazione" che a sua volta può essere recuperato all'interno dell'Analisi dei Costi per Missione e Programma (del Ministero del Lavoro e delle Politiche Sociali). Per il 2017 mancando ancora tali dati a consuntivo possiamo utilizzare il dato della Legge di Bilancio. Emergono pertanto le seguenti poste contabili: 7.168 milioni per il 2015, 12.023 milioni per il 2016 e 9.204 milioni per il 2017.
Ora anche volendo dare per scontato che tutti gli oltre 900.000 posti di lavoro siano unicamente attribuibili al Jobs Act e ai bonus assunzioni, possiamo calcolare che il costo sociale di ogni nuovo posto di lavoro creato è pari a euro 31.100. Se invece consideriamo che almeno la metà dei nuovi posti di lavoro è stata conseguenza di un miglioramento macroeconomico generale in Europa

(molto probabile e possibile) di cui anche la stessa Italia ha potuto beneficare, allora in tal senso il costo sociale di ogni posto di lavoro creato da Renzi & Company ammonterebbe ad oltre 60.000 euro.

Su queste cifre si dovrebbe aprire una riflessione a livello nazionale tra tutte le parti sociali per comprendere l'effettivo beneficio per il Paese nel sostenere un onere economico di questa portata che successivamente è stato scaricato per la copertura finanziaria sul debito pubblico. Sempre stando alla propaganda mediatica del mainstream scopriamo che l'occupazione in Italia ha superato sul piano quantitativo il numero di occupati che avevamo in epoca pre-crisi, vale a dire che oggi ha superato abbondantemente la soglia dei 23 milioni (il livello di qualche mese prima del default di Lehman Brothers, per la precisione siamo a 23.183.000 sulla rilevazione di fine novembre 2017). Letti con questo paradigma il dato appare molto positivo e potrebbe far pensare ad un miglioramento strutturale dell'occupazione in Italia, tuttavia dobbiamo analizzare il dato anche in rapporto all'incremento della popolazione nazionale che dal 2007 al 2016 è aumentata di quasi due milioni, passando dai 58.8 ai 60.6 milioni di persone. Conteggiando pertanto anche l'incremento demografico siamo ancora decisamente distanti dai livelli pre-crisi almeno in termini percentuali sulla popolazione complessiva.

IMMIGRAZIONE

Si ritiene che la politica sia il secondo più antico mestiere del mondo. Sono arrivato a rendermi conto che è fortemente somigliante al primo

Ronald Reagan

DIVERSAMENTE BIANCHI
pubblicato il 16.05.2013

Se il nuovo primo ministro, nuovo si fa per dire, Enrico Letta voleva veramente trasmettere un segnale di cambiamento e di rinnovamento a tutta la popolazione italiana, facendo presagire che il suo sarebbe stato finalmente un governo di rottura con il passato, al posto del nuovo e contestato ministero per l'integrazione avrebbe dovuto proporre la costituzione della Immigration & Checkpoint Authority, copiando letteralmente il modus operandi di altri stati che hanno posto il monitoraggio ed il controllo dell'immigrazione quasi come fosse una priorità nazionale.

La strada che invece ha intrapreso l'attuale governo purtroppo appare sin dall'inizio decisamente infelice oltre che insensata sul piano economico. Tralasciando i pietosi commenti sullo ius solis e sulla sua effettiva necessità per questo Paese in costante declino sociale, sembra vano ricordare a questi nuovi interlocutori dello stato come si comportano invece altre nazioni che hanno vissuto con molti decenni di anticipo rispetto a noi il fenomeno dell'immigrazione sia controllata che clandestina. Ne ha fatto menzione anche in più occasioni persino il primo ministro inglese, David Cameron, sottolineando come ormai il multi-culturalismo sia un fenomeno sociale con strascichi economici completamente fallimentare.

L'integrazione razziale è la più grande menzogna che sia stata raccontata e propagandata a popolazioni, originariamente molto forti e radicate nella loro storia e cultura millenaria, con il solo scopo di poterle indebolire e con il tempo annientare grazie ad un sistematico assoggettamento al disegno globalizzante del consumo di massa. Nessuno si vuole integrare con chi è diverso (paesi come Israele ed il Giappone ne fanno la loro bandiera): gli stessi extracomunitari che arrivano in Italia vogliono vivere ed interagire (al di là degli orari di lavoro) solo con i loro stessi simili o connazionali, per non parlare delle faide che si instaurano tra le varie etnie per il controllo del territorio anche nei quartieri delle città italiane. Pensiamo solo ad africani contro slavi o asiatici contro sudamericani. Quando lo capirano i finti perbenisti italiani, che si spacciano per filosofi, per giornalisti radical chic o per sindacalisti emergenti, che gli esseri umani sono fra di loro profondamente disomogenei, sono uguali solo innanzi alla legge, ma sul piano intellettuale, fisico, culturale ed affettivo sono profondamente diversi. Vi è differenza tra un tedesco ed un austriaco, tra un italiano del nord ed uno del sud, figuriamoci tra un cingalese ed un marocchino.

Il termine discriminare recepisce ormai sempre più una valenza negativa in senso assoluto, grazie al contributo folle del politically correct, qualunque esso sia il contesto per cui viene utilizzato. Tuttavia discriminare, inteso etimologicamente come distinguere una persona da un'altra, rappresenta una libertà assoluta di chiunque ovvero quella di decidere con chi vivere e quella di decidere da chi stare lontano.

Non significa pertanto razzismo o apartheid come ci vogliono far credere, ma solo una facoltà personale che non deve essere ostracizzata o criminalizzata. Nessuno in passato ci ha chiesto se volevamo vivere e soprattutto integrarci con un nigeriano, un cingalese o un serbo. Ci è stato semplicemente imposto. Qualcuno ha deciso per tutti, sostenendo che l'integrazione multietnica avrebbo portato ricchezza tanto economica quanto culturale. Ci avevano per questo promesso, che sarebbero entrati a lavorare in Italia tecnici, docenti, dottori, ricercatori, architetti, informatici, scienziati. Purtroppo nella stragrande maggioranza dei casi vediamo solo escort, badanti, spacciatori, balordi disperati e manovali generici privi di particolare professionalità. Personalmente non mi voglio integrare con una cultura che tratta la donna come un oggetto asservito alla mera procreazione o con chi sgozza animali vivi stile sacrificio tribale nel proprio giardino perchè la sua cultura e religione lo prevede.

Non parliamo dei danni economici, ormai incalcolabili oltre che irreversibili: dati oggettivi di cui non si parla mai in quanto profondamente scomodi all'establishment mediatico. Solo le rimesse all'estero (in continua crescita) sono costate tra il 2010, 2011 e 2012 quasi 21 miliardi di euro, (il taglio dell'IMU sulla prima casa pesa 4 miliardi), denaro che dovrebbe circolare in Italia per alimentare tanto i consumi interni quanto i depositi delle banche italiane, che invece si mette in viaggio verso Cina, Bangladesh, Marocco, Senegal o Ucraina, tanto per citare alcune prime mete di esportazione.

La popolazione soggetta a subire ed accettare sommessamente flussi di immigrazione selvaggia e non qualificata produce forme di auto ghettizzazione sociale, per cui i quartieri residenziali oggetto di penetrazione da parte delle minoranze etniche perdono progressivamente la loro distintività ed il loro valore di mercato, diventando step by step esempi di degrado urbano e microcriminalità. Impedire o limitare la discriminazione in una nazione arroccandosi puerilmente a sentimenti di farisaica bontà e giustizia morale produce le migliori condizioni per innescare una devastante arma di distruzione economica di massa per il tessuto sociale autoctono.

QUELLI DEI BARCONI
pubblicato il 15.08.2014

Alcuni giorni fa sono ritornato in Italia per partecipare come guest speaker ad un convegno sulle opportunità di delocalizzazione all'estero e sugli incentivi fiscali che alcuni paesi in questo momento riconoscono a chi è disposto ad intraprendere un'attività imprenditoriale o professionale al di fuori dei confini italiani.
Terminata la tavola rotonda, il giorno dopo sono

prontamente rientrato a Malta, senza soffermarmi ulteriormente in Italia, solo ascoltare per alcuni minuti il telegiornale o leggere una prima pagina di un quotidiano italiano ormai mi fa venire la depressione e un senso di autocommiserazione. Per cui via dall'Italia il prima possibile. Nel pomeriggio seguente decido di prendere un treno regionale che mi avrebbe portato a Brescia dove avrei trovato lo shuttle per Orio al Serio. Acquisto il biglietto alla stazione e salgo sulla prima carrozza individuando subito il controllore per chiedergli di timbrarmi il biglietto in quanto l'obliteratrice esterna era fuori servizio.

Non vi erano molti occupanti, soprattutto persone anziane e qualche studente. Il treno parte e con la mente inizio a ripensare alle difficoltà dell'economia italiana, ai casi di studio affrontati il giorno prima, alla rabbia di chi fa impresa e si vede abbandonato a se stesso, alle richieste di giovani laureati che vorrebbero emigrare alla ricerca di un futuro più gratificante.

Dopo qualche fermata sale sulla mia carrozza un giovane diversamente bianco, vestito come un damerino, anelli di varia fattezza sulle dita, coppolina alla Puff Daddy e scarpe sportive da almeno 100 euro. Fa entrare nella carrozza anche una bicicletta sportiva nuova fiammante, stile city bike, che sembrava appena comperata e la posiziona senza farsi tanti scrupoli al mio fianco lungo il corridoio.

Il controllore lo vede salire e gli si avvicina per chiedergli il biglietto. Risposta del giovane diversamente bianco: "No biglietto". Il controllore a quel punto gli fa presente che deve fare il ticket sul treno con l'aggravante della sanzione. Risposta del diversamente bianco: "Capo no soldi, ma io bene". Il controllore chiede a quel punto un documento di riconoscimento per avvisare la stazione di polizia alla

prossima fermata. Risposta: "Capo, no documenti, io bene, io lavora". A quel punto, dopo aver notato che nella tasca destra aveva uno smartphone di qualche centinaia di euro, mi sono alzato e sono intervenuto con una certa decisione. "Adesso basta, ne ho fin sopra di queste scene: o paghi il biglietto come tutti gli altri o smonti dal treno".
Risposta del diversamente bianco: "Che cazzo vuoi biondo stronzo di merda". Faccio notare che improvvisamente questa persona ha dato dimostrazione di conoscere e parlare molto bene la ingua italiana, rispetto alla pantomima che ci aveva offerto quando è salito. Interviene con non poca soggezione il controllore che mi invita cortesemente a sedermi e di lasciar perdere, allo stesso tempo fa segno con la mano al giovane diversamente bianco che deve smontare subito dal treno, il quale era ancora fermo in attesa di una coincidenza. A quel punto inizia il turpiloquio "Pezzo di merda che vuoi da me, vai a fare in culo". Il controllore a quel punto con veemenza lo incita ad abbandonare la carrozza. Risposta del diversamente bianco: "Italiani razzisti, siete tutti figli di puttana". Dopo altri "complimenti" che evito di riportare per decoro editoriale, finalmente il treno riparte dopo aver scaricato il passeggero candestino il quale a treno in movimento ha voluto salutare tutti i viaggiatori con il dito medio alzato e svariati sputi sui finestrini della carrozza. Si avvicina il controllore il quale mi ringrazia per il "supporto" psicologico che gli ho dato, ma al tempo stesso mi mette anche in guardia: "Faccia attenzione, eviti in futuro di ripetere tale comportamento, se per caso ci fosse stato uno o più conoscenti del diversamente bianco (lo ha indicato non con questo termine) avremmo rischiato il linciaggio o un coltello sulla schiena.

Queste sono scene quotidiane sui treni italiani, sostanzialmente esiste la discriminazione al contrario: gli italiani devono pagare il ticket, mentre i diversamente bianchi hanno il privilege pass, persino sulle tratte delle Frecce.

Oltre a loro ci sono anche gli zingari ed i rom che godono di una Exclusive Carta Viaggi che consente loro di poter salire su un treno senza mai pagare. Grazie alla stampa radical chic e al ridicolo buonismo di alcuni partiti politici questi diventano ulteriori motivazioni per andarsene da un Paese alla sbando privo di leadership e soprattutto autorità.

I passeggeri della carrozza che hanno assistito alla vicenda sono rimasti sgomenti, vedevo nei loro occhi un senso di paura ed anche disagio. Quando siamo arrivati al capo linea ho avuto tuttavia una piacevole ed inattesa sorpresa: mentre stavo scendendo dalla carrozza con le valigie, una signora anziana, abbronzata e molto elegante dall'accento toscano, mi si è avvicinata furtivamente dicendomi: "Ero seduta in fondo alla carrozza, ma ho assistito a tutta la scena, ho sempre votato per il centro sinistra e sono sempre stata a favore dell'immigrazione, ma dopo quello che ho visto e sentito oggi con i miei stessi occhi, alle prossime elezioni voterò per chi vuole mettere un freno a queste vergognose situazioni".

HELLO AFRIKA
pubblicato il 30.04.2015

Chi è nato all'inizio degli anni 70 forse si ricorda di questa hit discografica se quando era un teenager aveva la passione per la disco music di allora. Hello Afrika è stata una hit dal sound hip-hop reggae del 1991: il

cantante era un allora noto deejay e produttore nigeriano conosciuto con il nome d'arte, Dr. Alban al secolo Alban Uzoma. A molti questo nome non dirà nulla, ma immagino che invece conosciate, It's my life, ancora un'altra hit dello stesso autore che nel 1992 diventò prima nelle classifiche discografiche di Italia, Spagna, Germania e Regno Unito.
Possiedo e custodisco ancora il vinile di Hello Afrika in versione 33 giri disco remix che comprai allora nel lontano 1991 (al prezzo di 16.000 lire). All'epoca si comprava un disco, soprattutto remix, per il suo ritmo dance: riascoltarlo oggi avendo le capacità di comprenderlo quasi interamente per il messaggio che voleva dare assume una connotazione di portata socioeconomica e sociopolitica. Dr Alban, che si faceva chiamare dottore perchè aveva originariamente iniziato gli studi di medicina in Svezia, con la sua canzone denunciava già nel 1991 come il suo Paese, la Nigeria, nonostante fosse una nazione ricchissima era caratterizzata da una popolazione endemicamente molto povera e dava la colpa di questo stato di povertà strutturale in parte ai suoi stessi connazionali che permettevano lo sfruttamento impunito della nazione a favore di pochi eletti e delle grandi corporation occidentali.
Il messaggio che richiamava spesso il live performer nigeriano era quello di unire le forze dei popoli africani per ricreare una coalizione di stati africani alleati al grido di "African People Unite", che facesse testa allo strapotere ed ingerenza occidentale, abbandonando sia la corruzione che le rivalità viscerali tra le varie etnie africane.
In queste settimane tutta l'attenzione mediatica è rivolta alle vicende sempre più drammatiche che arrivano proprio dall'Africa a causa di un'ondata di

immigrazione clandestina di popolazioni africane ormai inarrestabile, mediamente cinquemila alla settimana. I vari interlocutori politici in Italia si scannano tra di loro sul fatto che, secondo alcuni, bisogna bloccare il fenomeno o che, secondo altri, bisogna invece gestirlo, mantenendo tuttavia i meccanismi di intervento ed assistenza nei confronti di questi ultimi. Una delle motivazioni principali che viene additata a sostegno di questa ultima tesi è che queste popolazioni scappano da paesi molto poveri, senza risorse e martoriati da conflitti civili.

Se qualcuno ha avuto occasione di ascoltare le interviste dei vari talk show fatte ai clandestini che sono ospiti nei campi di accoglienza o di identificazione avrà notato come la gran parte degli intervistati provenga dalla Nigeria. Non vi è niente da stupirisi, questo Paese è il primo stato del continente per numero di abitanti con oltre 160 milioni di abitanti, ed anche il primo per dimensione del PIL, pari ad 1/3 di tutto quello del continente africano.

La Nigeria negli ultimi due anni ha superato di gran lunga la storica locomotiva dell'Africa, ovvero la Repubblica del Sudafrica, tanto che oggi il PIL dello stato in cui è ubicato il delta del fiume Niger vale quasi il doppio del secondo, 520 MLD ($) per la Nigeria contro i 350 MLD ($) per il Sudafrica. E questi dati risalgono addirittura ad inizio 2014. Per dirla in altro modo la Nigeria produce ¼ della ricchezza italiana oppure tanto quanto fa la Polonia. Per chi non lo sapesse è il Paese che è cresciuto di più al mondo nel 2014 con un + 14%. Se ci fosse un ETF che replicasse l'andamento del solo mercato borsistico nigeriano rappresenterebbe un must per il vostro portafoglio.

Sempre Dr. Alban, in quella hit del 1991 ovvero Hello Afrika, definisce l'intero continente come motherland ovvero terramadre: effettivamente l'Africa è considerata la culla dell'umanità, in quanto il più antico e presunto nostro antenato, l'Australopitecus Afarensis, è stato scoperto e rinvenuto proprio in uno stato africano.

L'Africa oltre che la culla è anche la cassaforte del mondo in quanto ad oggi rimane ancora il continente più ricco sul pianeta in termini di risorse che può offrire: petrolio, gas, carbone, oro, diamanti, metalli bianchi, minerali ferrosi, legname, soft commodity e tanto altro ancora. Pertanto ci si dovrebbe chiedere come mai un Paese come la Nigeria che potrebbe essere una sorta di altra Arabia Saudita non riesce a raggiungere un tal livello di benessere economico.

La Nigeria, al pari di altri paesi africani, è divorata al proprio interno dal malcostume locale e dalla corruzione a tutti i livelli di governo del Paese: si classifica infatti al 134° posto su scala planetaria in termini di CPI (Corruption Perception Index).

Tanti altri stati africani hanno valori di tale indice similari o addirittura peggiori come Sierra Leone, Zimbawe, Camerun, Libia, Costa d'Avorio, Kenya, Congo, Angola, Sudan e Somalia, dove proprio questi ultimi due stati sono rispettivamente penultimi ed ultimi al mondo per l'abuso dell'ufficio pubblico al fine di foraggiare il profitto privato. La povera Italia che adesso si trova sotto assedio, è la terzultima in Europa per corruzione, fanno peggio degli italiani, solo rumeni e greci. Di certo Nigeria ed altri paesi se fossero amministrati più diligentemente per le risorse che possono vantare sarebbero molto più ricchi e benestanti di molti paesi europei.

Le motivazioni che spiegano perchè queste popolazioni africane non riescono ad affrancarsi e ad autogovernarsi con diligenza non si possono scrivere, soprattutto a causa del clima mistificatorio che è venuto a formarsi in Italia. Purtroppo. Vi invito tuttavia a soffermarmi su questo pensiero: se un Paese come il nostro martoriato e dilaniato internamente a quasi tutti i livelli di governo dal malcostume e corruzione italiana possa trovare giovamente importando risorse umane da altri stati in cui il livello di corruzione è decisamente più elevato ed intenso. Spero non sia questo l'arricchimento culturale di cui dovremmo beneficiare nei prossimi anni.

FORTEZZA WASP
pubblicato il 20.07.2016

In un mondo in cui vi è stato imposto l'integrazione forzata con altre popolazioni profondamente diverse senza che mai il vostro governo vi abbia prima chiesto se effettivamente questa fosse la vostra più intima volontà, vi siete mai fermati a chiedervi qual'è invece il contrario dell'integrazione ? Ve lo dico io, si chiama autoghettizzazione, ne sanno qualcosa gli americani che l'hanno inventata e implementata prima di tutti, alla faccia quindi che il diverso è bello e piace.
Dopo l'ennesimo attentato terroristico di matrice islamica in Europa, a cui ne seguiranno purtroppo molti altri ancora, dopo l'escalation di disagio popolare che molte istituzioni faticano ormai a contenere, si perde ormai il numero di sindaci che respingono alle prefetture i cosiddetti finti profughi assegnati d'ufficio ai vari comuni italiani, qualcuno inizia a guardare avanti pensando a come difendersi o come fuggire da tutto questo. Purtroppo con una nazione drogata e plagiata da questa vile deriva aberrante di stampo cattocomunista, per la maggior parte della popolazione

il futuro è tutt'altro che roseo. Ci sono lettori che mi scrivono chiedendo che cosa possono fare per i loro figli: pensate prima a voi stessi ed auspicate che la vostra discendenza sia dotata di geni atti a non farsi sopraffare; il titolo di studio, tranne qualche caso isolato, non servirà a nulla, anzi magari li schiaccerà ancora più in basso a dove si trovano ora. Ma ritorniamo sui primi passi, come dicevo l'unica soluzione fai da te che si può per adesso implementare per proteggersi e per proteggere la propria famiglia è l'autoghetizzazione ossia ritirarsi a vivere all'interno di comunità residenziali chiuse dal resto del mondo.
Detta così sembra stia parlando di un altro pianeta in realtà si tratta di aree residenziali molto peculiari, riservate ad una fascia della popolazione generalmente benestante che predilige uno stile di vita in cui determinate minacce, rischi e pericoli sono completamente assenti.
Tecnicamente si chiamano gated community oppure anche walled community ossia nuclei residenziali recintati e monitorati. In Italia non sono ancora presenti in misura massiva, ma basta aspettare e lo diventeranno presto. Dopo due anni di valutazioni e considerazioni personali anch'io ho scelto di andare a vivere in una struttura residenziale di questo tipo. Esistono in tutto il mondo occidentale, si va dal Messico a Cipro, dalla Spagna agli USA: rappresentano complessi urbani solitamente molto distanti dalle aree metropolitane, caratterizzati da grandi spazi verdi e vegetazione lussureggiante, molti di essi anche per ragioni di marketing sono ubicati in prossimità di aree costiere, ma mai a ridosso del mare, questo per evitare la massa, il rumore o i tipici fastidi che si hanno quando si vive a stretto contatto con persone appartenenti alle fasce economiche più basse (low class people).

Queste gated community che solitamente sono costruite all'interno di grandi campi da golf sono dotate di un servizio di vigilanza e polizia privata: per entrare o uscire dalla comunità si deve passare per un check point vigiliato giorno e notte in cui vengono registrati e monitorati gli accessi dei visitors ossia gli ospiti dei residenti. Ogni residence community al proprio interno è molto simile ad un piccolo paesino all'italiana, è presente tutto quello che serve per vivere senza pensieri, supermercato, pub, palestra, ogni sorta di impianto sportivo, scuola primaria, clinica medica, veterinario, boutique, wine bar, sportello bancario, edicola, parruchiera, estetista, un ventaglio di ristoranti ed in taluni casi anche una chiesa (cappella privata).
Le auto circolano all'interno della comunità al massimo dei 30km orari ed in ogni caso vige un sistema di telecamere interno per sanzionare eventuali infrazioni, ognuno ha il proprio parcheggio numerato e coperto davanti casa sotto le fronde di qualche salice o betulla cosi che non si impazzisce a cercare un posto in cui lasciare l'auto, tutta la community si sviluppa attorno a sentieri immersi nel verde e viali per piste ciclabili o passaggi pedonali di modo che tanto persone anziane quanto bambini possono girare liberamente senza angoscia per i rispettivi genitori. Non ci sono spacciatori, violentatori, scippatori o balordi per i viali interni. Qui viene il bello che dimostra quanto l'integrazione forzata sia la più grande menzogna di questo secolo propagandata in Italia dal PD & Company: chi se lo può permettere si autoghettizza ossia si ritira a vivere in queste tipologie di enclave residenziali in cui state certi non vedrete mai islamici, asiatici, diversamente bianchi o slavi.
Tasso di criminalità interno pari allo zero per cento.

Potete lasciare la vostra mountain bike da mille euro in giardino o al parcheggio del supermarket interno senza catenaccio, tanto non ve la tocca nessuno. La notte potete dormire senza serrare la porta di ingresso tanto nessuno si sogna di entrare. La vigilanza gira (con molta discrezione) armata giorno e notte, non c'è posto al mondo in cui ti puoi sentire più sicuro. Tecnicamente siete in una fortezza wasp. Questo acronimo sta per white anglo saxon protestant ed era utilizzata un tempo per indicare un cittadino statunitense discendente dei colonizzatori originari inglesi, non appartenente quindi a nessuna delle tradizionali minoranze etniche (afroamericani, ispanici o asiatici). Oggi invece è utilizzata per indicare la cultura e il modo di vita di gruppi circoscritti di persone, generalmente bianchi cristiani benestanti di origine nord europea, conoscitori della lingua inglese, stanziatisi a vivere in altri paesi da quello loro nativo.

Molte di queste gated community che arrivano ad accogliere nella generalità dei casi oltre cinquemila persone possono anche essere sono concepite come retirement village ossia complessi residenziali per accogliere ed ospitare anziani pensionati auto-sufficienti: la Florida ha creato un business unico al mondo attorno a queste realtà. In Europa abbiamo il Portogallo, con la regione dell'Algarve che ha fatto copia e incolla. Le comunità sono chiuse su se stesse per definizione: per acquistare una proprietà immobiliare (villetta indipendente, appartamento, casa a schiera) dovete essere ammessi dal consiglio di amministrazione della community, presentare determinate credenziali personali e avere referenze professionali, questo con lo scopo di proteggere e tutelare chi ha già scelto di viverci prima di voi quanto chi ha deciso di effettuare eventualmente un investimento immobiliare.

Così facendo si evita ad esempio che possano entrare come residenti in pianta stabile nella comunità persone generalmente non gradite alla moltitudine. L'approccio può sembrare discriminatorio o a sfondo razzista, in realtà rappresenta tanto una forma di difesa quanto una espressione di libertà assoluta ossia voglio essere libero di scegliere con chi vivere e di chi avere a fianco come vicino di casa.

Questa è la motivazione principale che spinge ad effettuare queste scelte di vita radicali. Come italiani invece siamo ormai da più di tre anni che abbiamo persone all'interno delle nostre farlocche istituzioni che decidono per voi proclamandosi detentori della verità assoluta ed obbligandovi ad accettare la ricchezza culturale (chiamiamola cosi) di genti disperate che arrivano nel nostro Paese con la certezza di andare alla fiera della cuccagna. Molti lettori mi scrivono chiedendo dove possono andare a vivere via dall'Italia per scappare da questo contesto delirante, tuttavia la risposta non è data da una nazione in sé ma dal come vorrete vivere all'interno di quel paese prescelto. L'escalation di terrorismo islamico ed una voluta immigrazione/invasione non controllata sono appena all'inizio. In questi termini, una fortezza wasp, specie se avete figli ancora in tenera età, vi potrà aiutare a superare questa epoca di follia generazionale nella consapevolezza che il futuro difficilmente potrà essere migliore di adesso.

REPLACEMENT MIGRATION
pubblicato il 20.10.2016

L'ONU, l'organizzazione intergovernativa con sede a New York nata alla fine della seconda guerra mondiale, conosciuta volgarmente come Nazioni Unite, persegue i seguenti tre scopi istituzionali: mantenere la pace e la sicurezza internazionale, risolvere pacificamente eventuali situazioni di conflitto che potrebbero portare ad una rottura della pace ed infine sviluppare relazioni amichevoli tra le nazioni aderenti sulla base del rispetto del principio di uguaglianza tra gli Stati. Il suo operato trova manifestazione attraverso svariati enti istituiti dall'Assemblea Generale, ne ricordiamo alcuni dei più noti, il FMI, la FAO o il UNCHR (Alto Commissariato delle Nazioni Unite per i Rifugiati) con sede a Ginevra. L'attuale (purtroppo) Presidente della Camera in Italia, Laura Boldrini, ha ricoperto il ruolo di portavoce del UNCHR per l'Europa Meridionale tra il 1998 ed il 2012, dopo di che qualcuno ha pensato di proporla come rappresentante di questa istituzione costituzionale.

In rete si sprecano i commenti a sfondo molto pittoresco nei suoi confronti viste le sue uscite in merito alla aggressione immigratoria che l'Italia sta affrontando con aumentata intensità da più di tre anni. Di fatto Laura Boldrini è stata un funzionario dell'ONU, insignita addirittura nel 2009 da Famiglia Cristiana come italiana dell'anno per il suo costante impegno a favore dei migranti e richiedenti asilo politico. Proprio in seno all'ONU potete trovare le chiavi di lettura che spiegano perchè questa donna ricopra tale carica in Italia. L'immigrazione (volutamente) selvaggia unita all'invasione controllata oggi rappresentano i temi di confronto e scontro politico principale non solo in Italia, ma anche in altre nazioni europee.

Ogni elettore medio europeo infatti oggi è molto sensibile a questo argomento: la gestione mediatica di questo fenomeno così impattante per questi paesi rappresenterà il main driver per le prossime elezioni politiche in Francia, Germania ed anche Italia. Quanto sta accadendo in Europa è stato concepito ed analizzato con largo anticipo sin dal 2000 proprio in seno all'ONU, precisamente all'ufficio della Population Division della DESA (Department of Economic and Social Affairs). Quanto sto per riportarvi è liberamente consultabile sul sito delle Nazioni Unite ed il documento incriminato è intitolato Report on Replacement Migration edito nel Marzo del 2000 con successive release anno dopo anno, sino all'ultima del 2015.

Se dovessi esprimere in poche parole la sintesi estrema del suo contenuto mi verrebbe da dire: cercasi stalloni da importare per fecondare le donne europee. Andiamo per gradi: questo report di analisi delle Nazioni Unite propone letteralmente la replacement migration (migrazione per sostituzione) come soluzione pratica all'invecchiamento e diminuzione della popolazione nelle economie occidentali (tranne gli USA) a fronte di un crollo del tasso di fertilità e del tasso di mortalità (pertanto un aumento della longevità).

L'ONU stima che tra il 1995 ed il 2050 paesi come il Giappone e l'Italia perderanno tra 1/4 ed 1/3 della loro attuale popolazione, arrivando ad avere un'età di vita media tra le più alte della storia del genere umano. Ad esempio in Italia l'età media passerà dai 41 anni del 2000 ai 53 anni del 2050, il che si tradurrà in un rapporto di due lavoratori per ogni pensionato rispetto all'attuale di quattro a uno.

Dei vari paesi analizzati dal suddetto report, l'Italia è in assoluto la nazione che in proiezione subirà la perdita maggiore sul piano quantitativo della sua popolazione con una contrazione stimata del 28% entro il 2050. La stessa Unione Europea che nel 2000 era più grande di 100 milioni rispetto agli USA per tale data sarà più piccola di 18 milioni, contrariamente agli USA che invece aumenteranno di ¼ la loro capacità di risorse umane.

Il tasso di crescita della popolazione anziana (older persons) sta crescendo ad un ritmo del 3.3 % all'anno, più velocemente di qualsiasi altra fascia di appartenenza. Per il 2050 si stimano 2.1 MLD di persone con un'età superiore ai 60 anni, già oggi l'Europa detiene la più alta percentuale di anziani rapportata al totale della sua popolazione (24%).

Il declino della popolazione italiana ed anche europea è (purtroppo) inevitabile, per questo è opportuno pensare alla replacement migration come exit strategy (attenzione, non sono mie parole, ma quelle riportate dall'ONU nel report suddetto). Assieme agli USA, anche Francia e Regno Unito saranno in grado di mantenere la loro popolazione ed evitare il declino demografico, questo a seguito di diverse politiche immigratorie provenienti dalle colonie di un tempo. Questo significa che i paesi più vulnerabili sul piano demografico in Europa come Germania e Italia entro il 2050 saranno caratterizzati da una contrazione significativa in percentuale tra il 30% ed il 40% della loro popolazione che a quel punto sarà pertanto rappresentata da immigrati e loro discendenti diretti di pari proporzione. Proprio in relazione alla loro dimensione demografica sia Germania che Italia necessiteranno del più alto numero di immigrati al fine di mantenere una parte della popolazione in età lavorativa in grado di sostenere sia welfare che stato sociale. L'Italia si stima necessiterà di almeno 6.500 migrants (termine che compare sin dal 2000 nei rapporti dell'ONU) per milione di abitanti ogni anno, mentre la Germania si potrà accontentare solo di 6.000.

In assenza di flussi immigratori, potrà essere garantita la sostenibilità, ma non la vulnerabilità del lungo termine, innalzando ad almeno 75 anni l'età per poter accedere ai meccanismi di rendita previdenziale. Questa sfida di inizio millennio che avrà come scopo finale il contrasto al declino della popolazione e la gestione dell'invecchiamento della popolazione necessiterà di programmi e politiche attuative con una prospettiva di lungo termine.

Per questa ragione le questioni che avranno priorità per i governi che si succederanno nei diversi anni dovranno rispettivamente: definire e ricalcolare l'età appropriata per il pensionamento a fronte di una vulnerabilità sistemica dello stato sociale sul piano finanziario, i livelli di spesa e le tipologie di cure mediche che potranno essere fruite durante la vecchiaia a carico della fiscalità diffusa, i montanti di contribuzione che i lavoratori e datori di lavoro (workers & employers) dovranno far fronte per supportare sia il retirement che il healthcare della popolazione in vecchiaia ed infine le strategie per la gestione dell'immigrazione internazionale.

IL CAPITALE CULTURALE
pubblicato il 21.06.2018

L'importazione di manodopera non qualificata, spesso analfabeti funzionali, conduce all'autodistruzione dello stato sociale inteso quest'ultimo come un complesso sistema di protezione sanitaria e previdenziale che avvolge ogni individuo appartenente almeno in termini etnici ad una nazione. Da ormai cinque anni sta andando in scena in Europa il programma Migration Replacement ideato dall'ONU alla fine degli anni Novanta con lo scopo di soluzionare il deficit demografico interno e ringiovanire la popolazione europea. L'obiettivo nel medio termine dovrebbe essere quello di garantire la sostenibilità finanziaria degli attuali meccanisimi di previdenza ed assistenza sanitaria i quali non potranno reggere entro i prossimi dieci anni a parità di scenario sociale e dinamiche dei conti pubblici. Attenzione che questo vale tanto per la Germania quanto per l'Italia. Il crollo delle nascite e l'aumento della speranza di vita producono inevitabilmente il default finanziario di una nazione che intende mantenere e preservare l'essenza e l'intera struttura dello stato sociale per come lo si conosce e lo si sfrutta alla data odierna.

La strada intrapresa ossia l'importazione in massa di genti africane non qualificate il cui imprinting sociale è ancora strettamente correlato alla cultura tribale non rappresenta l'unica soluzione percorribile per gestionare l'attuale crisi demografica, la quale deve comunque essere considerata transitoria e passeggera.

Il miglioramento della qualità di vita produce infatti anche una modificazione del comportamento riproduttivo: vero che si fanno meno figli rispetto al passato, ma con un livello di istruzione superiore unitamente ad una minore mortalità. Probabilmente stiamo assistendo ad una fase di transizione che porterà ad un nuovo assetto demografico l'intera società umana verso un equlibrio piu sostenibile sul lungo termine in termini di impronta ecologica complessiva.

Come si diceva, la soluzione adottata dall'establishment europeo a trazione teutonica ha lo scopo esclusivo di preservare e proteggere l'attuale status quo politico. Garantendo (in teoria) le attuali protezioni sociali al proprio elettorato si potrà cosi anche mantenere e consolidare il proprio potere politico e soprattutto la propria sopravvivenza politica. Pensateci un momento chi voterebbe nuovamente un partito che propone l'alzamento dell'età pensionabile, l'abbassamento dei coefficenti di conversione delle rendite pensionistiche e la fruizione dei livelli essenziali di assistenza sanitaria correlati al tenore di reddito o meglio ancora al proprio stato di salute (piu sei sano meno paghi).

In sintesi pertanto si importano africani per garantire la sopravvivenza della attuale classe dirigente politica che in questo modo può evitare di revisionare e modificare profondamente l'assetto dello stato sociale tanto gradito all'elettorato. Purtroppo tale strada forse risolve nel breve termine il problema, almeno dal punto di vista quantitativo: se mancano essere umani allora li importiamo da un'altro paese.

Mentre nel lungo termine produce inesorabilmente la fine dello stato sociale, proprio quello che si vuole preservare con tali espedienti coatti. L'aumento dei costi di assistenza ed integrazione sociale unitamente ad un abbassamento della produttività produrranno infatti le condizioni economiche e sociali che porteranno al default finanziario le varie nazioni europee incapaci di riuscire a far fronte ai propri impegni. La Germania è il principale responsabile in tal senso di quanto sta accadendo: il modello di gestione delle frontiere con porte aperte a tutto tondo è indotto dalle spiacevoli e vergognose vicende che hanno caratterizzato la sua storia politica durante la seconda metà del secolo scorso.

Pertanto questo lassismo politico può essere visto come una forma di espiazione delle colpe attribuite alla sua popolazione che ora cerca di redimersi da quell'indelebile passato fallimentare. Per fare questo la Germania accetta di annichilire e svilire il suo capitale culturale incitando a fare lo stesso anche le altre nazioni europee: della serie rinunciamo alla nostra identità culturale come europei ed annaquiamola il piu possibile con etnie africane tribali al fine di conseguire un meticciato afroeuropeo privo di identità e richezza culturale specifica.

Attenzione che questa view è solo teutonica, tuttavia imposta anche alle altre nazioni europee. Vi sono altre nazioni che rigettano e rifiutano senza esitazione tali soluzioni per gestire l'impasse demografico. Il Giappone (terza economia mondiale) che non viene mai citato dai media in tal senso ha scelto in chiave strategica di difendere ad ogni costo il proprio capitale culturale rifiutando di mischiarsi con altre etnie asiatiche.

Questo scaturisce dalla consapevolezza che la demografia umana si sta modificando in forza di una trasformazione dell'intera società umana e pertanto la crisi demografica rappresenta solo una fase temporanea fino a quando la società non si sarà stabilizzata con nuovi driver di crescita piu sostenibili nel medio e lungo termine.

Mentre in Europa per la scelleratezza teutonica, l'idea che sta dietro le quinte è proprio quella di portare alla nascita degli Stati Uniti d'Europa, ma non dal punto di vista politico quanto etnico, clonando esatamente quanto ha fatto l'America con gli schiavi africani. Nonostante l'amncipazione economica e sociale successivamente accordata a tali etnie importate da un altro continente ancora oggi appare evidente il fallimento conclamato di quell'esperimento sociale: la conflittualità e rivalità sociale tra bianchi caucasici ed afroamericani sembra insanabile.

All'uopo pertanto i vantaggi di un continente europeo in questo modo africanizzato sarebbero indubbi, non di certo per le sue genti di etnia europea autoctona. Quanto piuttosto per la sopravvivenza e prosperità dell'establishment sovranazionale europeo il quale in presenza di nazioni europee impoverite, o peggio, private del loro capitale culturale e con popolazioni bastardizzate diventerebbero molto piu deboli e facilmente gestibili sul piano della governance politica sovranazionale. In tal senso si potrebbe finalmente (per loro) iniziare ad implementare con successo la centralizzazione tecnocratica dei centri di potere, trasformando al tempo stesso la Vecchia Europa in un continente di patetici consumatori succubi delle multinazionali e schiavi del debito in mano alle nuove istituzioni finanziarie che scaturiranno dalle fusioni di entità bancarie di diversa nazionalità.

EVOLUZIONE SOCIALE

*Non ti metti a discutere con una tigre quando
la tua testa è dentro alla sua bocca*

Winston Churchill

CONTROL THE FERTILITY RATE
pubblicato il 02.04.2015

Provate a chiedere ad un vostro conoscente o ad un vostro collega quali sono le due priorità a livello internazionale per le economie sviluppate ovvero le tematiche più critiche che preoccupa l'establishment occidentale?
Non stupitevi se vi sentirete dire l'austerity, il salvataggio della Grecia, il rischio geopolitico in

Ucraina, le tensioni in Nord Africa oppure l'avanzata del terrorismo islamico in Medio Oriente. La maggior parte delle persone è fortemente influenzata da quanto viene trattato dai talk show nazionali o dai titoli da prima pagina della stampa nazionale. Solitamente quando think tank o lobby di potere perseguono un determinato risultato od obiettivo, astutamente quest'ultimo non viene sbandierato, anzi di solito queste ultime fanno puntare i riflettori su qualcosa di passeggero o insignificante che grazie alla pomposità dei vari media diventa l'argomento core del momento, quello che cattura l'attenzione dell'opinione pubblica e la tiene incollata per settimane su congetture ed elucubrazioni prive di finalità pratica.

Se ogni tanto vi chiedete se esiste qualcuno che stabilisca la strada da percorrere negli anni a venire e lo fa per intere nazioni e popolazioni, potete scommettere tutto quello che avete che è proprio cosi. Deltronde l'ordine, inteso come quella disciplina che designa i criteri in base ai quali si definiscono le gerarchie tra gli essere umani, è il pilastro fondante che garantisce la sopravvivenza e la predominanza della nostra specie.

In questo momento epocale stanno convergendo gli interessi e gli obiettivi di due gruppi di establishment in parte di natura politica ed in parte di ingerenza finanziaria. Le due priorità mondiali a livello istituzionale sono inquietanti, nel senso che non possono essere trattate a livello mediatico in quanto innescherebbero possibili fenomeni di destabilizzazione politica internazionale che potrebbero compromettere l'ordine di cui abbiamo sopra parlato. Qualcuno parla di Nuovo Ordine Mondiale, non è tanto il nome che conta, quanto l'obiettivo a cui si vuole arrivare.

Crescita demografica della popolazione umana e sostenibilità finanziaria dei modelli di welfare nelle economie avanzate. Questi rappresentano i due topics per le elite da gestire e da risolvere mediante una soluzione ordinata. Paradossalmente queste elite hanno obiettivi fra di loro antagonisti, tuttavia al momento stanno convergendo ad una soluzione condivisa tra le parti, direi quasi di ottimo paretiano (da Vilfredo Pareto). Non può avere alcun futuro un mondo in cui sette miliardi e 300 milioni di esseri umani (oggi) vogliono vivere tutti con lo stesso stile di vita: un mondo in cui la popolazione cresce al netto delle morti di oltre 200 mila individui al giorno ha un solo futuro certo e repentino, l'auto-distruzione.

I paesi con i più alti tassi di natalità si trovano oggi in Africa: Nigeria, Egitto, Etiopia, Congo, Tanzania, Uganda, Sudan, Camerun, Angola, tutti sopra il 4.00 ed alcuni addirittura oltre il 6.00 (significa una media di sei figli per donna, contro invece il 1.4 dei principali paesi europei).

Da una parte abbiamo un mondo che cresce senza freni inibitori e dall'altra quasi antiteticamente un altro mondo che non vuole più figliare e deve garantire un determinato stile di vita (assistenza, pensioni, sanità, degenze, cure) alle popolazioni più ricche. Entrambe sono due bombe che vanno disinnescate quanto prima. Statisticamente e storicamente è dimostrato che un miglioramento consistente del tenore economico produce un vistoso abbassamento dei coefficenti di natalità, in particolar modo se vengono intraprese anche farisaiche politiche di emancipazione economica della donna.

La Cina oggi si trova proprio ad affrontare questo pay-off, le ragazze cinesi non si vogliono più sposare, preferiscono puntare allo stile di vita di Sex & The City.

Pertanto negli anni a venire si dovranno canalizzare decine di milioni di africani in Europa in modo da garantire nuova contribuzione economica a supporto della sostenibilità finanziaria del welfare europeo. Programmi volti ad aumentare il benessere economico (si chiama globalizzazione) in Brasile, Messico e Sud Est Asiatico sono da anni in corso con notevole successo (abbassamento medio da 4.00 a 2.00 del coefficente di natalità).

Nei prossimi cinque anni i maggiori contributi alla crescita demografica mondiale (stima di 8 miliardi entro il 2020) li daranno Nigeria, Pakistan e Bangladesh, con circa 700 milioni di nuove persone.

In parallelo a questo sono stati varati a livello propedeutico anche politiche sociali, sapientemente supportate dal volano mediatico, volte a produrre confusione e disorientamento sessuale (destabilizzazione della famiglia eterosessuale, ambiguità e diversità sessuale) necessarie per poter raggiungere, presumibilmente entro il 2040, la pianificazione delle nascite su scala mondiale in grado di consentire il mantenimento sostenibile della popolazione umana. Chi legge penserà che sono impazzito o qualcosa del genere, lo invito solo a mantenersi in forma per quella data in modo da potersi riscontrare analiticamente sul mondo che ci troveremo a vivere. In un pianeta in cui la specie dominante ed anche quella più invasiva per l'ambiente e la coesistenza delle altre specie cresce al ritmo di un milione di individui ogni cinque giorni si deve, per definizione e per spirito di sopravvivenza, mettere la crescita demografica ed il suo contenimento come priorità assoluta davanti a tutto.

In caso contrario quello a cui oggi siamo abituati a dare valore scomparirà più velocemente di quello che possiamo immaginare.

IL TORO GAY
pubblicato il 23.07.2015

Alcuni mesi fa ho visitato in Spagna nella città di Sueca l'allevamento di tori dove nacque nel 2001 il grande Raton (la pronuncia spagnola fa cadere l'accento sulla seconda vocale), il toro da corrida più famoso del mondo in quanto l'unico che non è mai stato ucciso durante la trucida competizione folkloristica spagnola ed anche l'unico toro ad aver causato la morte di tre aspiranti matador nel corso della sua lunga carriera sportiva.

In Spagna un toro che uccide una o più persone durante attrazioni folkloristiche stile Pamplona è considerato una star: Raton allora era stato battezzato anche come "El Toro Asesino" e dalla stampa anglossassone come The Bloody Bull.

Per il movimento animalista internazionale è una sorta di icona, una vendetta della natura, un flagello per l'avido essere umano, un raro animale che ha annientato sino alla morte tutti quelli che hanno provato a sfidarlo o matarlo pubblicamente con il macabro rituale coreografico della corrida spagnola.

Quelli che non è riuscito ad uccidere, Raton ha pensato bene di ferirli gravemente compromettendo definitivamente la loro salute fisica per sempre. Raton è stato ritirato imbattuto dalle scene spagnole nel 2011 dal suo stesso proprietario (Gregorio De Jesus, un famoso torero spagnolo) che lo comperò perchè gli ricordava il grande pugile Cassius Clay.

La sua morte naturale è giunta nel Marzo del 2013, dopo aver passato gli ultimi due anni a montare giovani vacche selezionate nella speranza che il suo talento potesse tramandarsi in altri esemplari in futuro. Oggi il corpo di Raton è visibile nella città di Sueca grazie ad un'operazione di imbalsamatura volta a ricordare in eterno le gesta di questo possente e nobile animale che ha sfidato e vinto la spavalderia umana.

Ricordo che durante la visita della finca (tenuta agricola), parlando con alcuni bovari, mi vennero raccontati anedotti e dettagli molto singolari che riguardavano la vita dei giovani tori, in particolar modo degli esemplari che purtroppo vengono selezionati per le competizioni ed esibizioni sportive e folkloristiche (dai rodei alle corride).

I giovani tori, quelli più promettenti, vengono segregati tra di loro per settimane in un grande recinto all'aperto, questo al fine di far emergere dal gruppo l'esemplare più vigoroso e più agguerrito, oltre a farli scontrare naturalmente tra di loro per ragioni di territorialità. Sempre la natura dopo pochi giorni, provvede a far emergere all'interno del gruppo il cosidetto "toro gay" ovvero il toro che accetta di essere posseduto e montato da tutti gli altri per consentire loro di scaricare la nota carica sessuale che li caratterizza.

Sostanzialmente determinate caratteristiche e limitazioni ambientali producono inconsciamente questo comportamento nel mondo animale ovvero l'omosessualità. Non è una novità questo assunto, ha come minimo 150 anni visto che il primo a descrivere e spiegare il fenomeno è stato Charles Darwin nel 1859 all'interno della sua nota opera intitolata "L'origine delle specie".

Si dimentica tuttavia sempre di citare anche la seconda parte del titolo del libro, molto più esaustiva sui contenuti elaborati dal naturalista britannico, che riporta testualmente "the Preservation of Favoured Races in the Struggle for Life" dove con la dicitura "in the struggle for life" si indica in senso ampio il concetto e le conseguenze di quella che noi banalmente spesso chiamiamo la lotta per la sopravvivenza.

Il primo argomento in ordine di importanza e rilevanza economica al mondo è il clock demografico del pianeta. Ogni cinque giorni la popolazione mondiale al netto delle morti aumenta di un milione di esseri umani. Il comportamento omosessuale rappresenta una risposta naturale della nostra specie al fine di preservare la razza dominante, proprio come citava Darwin a metà del 1800.

Che piaccia oppure no il comportamento omosessuale nella nostra specie è destinato ad aumentare significativamente con un plausibile punto di pareggio verso il 2035 (due decenni avanti a noi).

Questo significa che per quella data la popolazione omosessuale avrà eguagliato sul piano quantitativo quella eterosessuale. Le lezioni transgender nelle scuole rappresentano appena le prime righe della prefazione di un libro (o tragedia a seconda di come si veda il tutto) che si sta scrivendo lentamente giorno dopo giorno.

Tra i tanti cambiamenti che ci attendono nel corso dell'evoluzione della nostra specie ne possiamo identificare uno tra quelli che dovremmo quanto prima metabolizzare nel vivero quotidiano ed è riconducibile proprio alla consuetudine umana (di un tempo) di convivere stabilmente con un compagno/a di vita eterosessuale al fine di concepire e lasciare al mondo una propria discedenza genetica (desiderio inconscio e naturale di riproduzione al fine di preservazione della specie).

Questa mission con cui la natura ci ha dotato dovrà essere presto ridimensionata o addirittura rivisitata con un nuovo e inquietante paradigma sociale in quanto a causa dei mutati ratio di attrazione e procreazione sessuale che avremmo in futuro la probabilità di avere figli che a loro volta vorranno avere un compagno di vita dello stesso sesso produrrà inevitabilmente per la maggior parte della popolazione mondiale l'incapacità di potersi garantire una propria discendenza genetica.

IN PATER WE TRUST
pubblicato il 01.01.2016

C'era una volta il Bel Paese, l'espressione prosaica riciclata dalle poesie del Petrarca usata per indicare l'Italia durante il Miracolo Economico, con il fine di enfatizzare la bellezza paesaggistica e la coesa struttura del tessuto sociale di una nazione cui tutto il mondo allora guardava. Pilastro della società italiana per interi decenni è stata la famiglia tradizionale incentrata sui valori ed ideali cristiani in grado di consentire la creazione di una autentica rete di protezione sociale allargata attorni ai suoi vari componenti e agli individui ad essa connessi grazie anche a legami parentali esterni.

Lo scopo principe della famiglia, in termini prettamente sociologici, è consentire la riproduzione della società e favorirne la sua preservazione, in quanto una società senza figli è priva di futuro per definizione. A livello giuridico la famiglia è normata e tutelata da diversi riferimenti e contesti normativi.

La Dichiarazione Universale dei Diritti dell'Uomo cita testualmente: la famiglia è il nucleo naturale e fondamentale della società ed ha diritto ad essere protetta dalla società e dallo Stato. In Italia, l'articolo 29 della costituzione riconosce la famiglia come una sorta di società naturale fondata sul matrimonio, ordinato sull'eguaglianza morale e giuridica dei coniugi, con i limiti stabiliti dalla legge a garanzia dell'unità familiare.

Nonostante questo, verso la fine del Miracolo Economico la società italiana inizia una metamorfosi lenta e progressiva che muta il quadro clinico di salute della famiglia in senso lato. Ci viene in aiuto per comprendere questo fenomeno il quoziente di nuzialità ossia il parametro che misura il numero di matrimoni rapportato ad ogni mille abitanti della popolazione.

Durante i due decenni 1950-1960 tale quoziente oscilla di poco tra il 7.7 e il 8.2 (significa circa otto matrimoni ogni mille abitanti) rappresentando una delle letture più alte per l'Italia nell'ultimo secolo, solo i tre anni che seguono la fine della Seconda Guerra Mondiale esprimono un gradiente superiore con letture comprese tra 8.4 e 9.2 (fisiologica reazione alla fine di un pesante conflitto militare).

Dal 1970 in poi le letture evidenziano un costante e progressivo declino del quoziente di nuzialità con 6.7 alla metà degli anni Settanta, 5.2 alla metà degli anni Ottanta, 4.2 alla metà degli anni Novanta ed infine 3.5 riconducibile ad inizio del decennio attualmente in corso. Le cause che determinano il calo del quoziente sono attribuibili a tre drivers: diminuzione delle nascite, cambiamenti culturali e normativi che portano tanto ad un aumento delle unioni di fatto quanto ad un abbassamento del tasso di sopravvivenza del matrimonio ed infine, per quanto riguarda questi ultimi otto anni, manifestarsi di una crisi economica che rende difficicle la pianificazione del proprio percorso di crescita personale.

Un dato in senso assoluto può rappresentare meglio il fenomeno, ad inizio 1990 si contavano quasi 300.000 primi matrimoni, nel 2010 appena 175.000, quindi con una contrazione di oltre il 40% in appena due decenni. Anche la società italiana con l'inizio degli anni Settanta, quando viene approvata la legge sul divorzio, inizia a conoscere l'agognato fenomeno dell'instabilità coniugale, quando fino agli anni prima aveva sempre avuto un naturale riverbero fisiologico sopportabile fino a certi livelli.

Mentre il matrimonio tradizionale (soprattutto quello con rito religioso) inizia la sua fase di lento declino culturale, si proietta a diventare un fenomeno di costume in costante ascesa il divorzio ed il suo stadio pupale ossia la separazione.

Negli ultimi vent'anni il numero di separazioni e divorzi per ogni mille matrimoni ha visto una crescita costante e lineare tanto che già nel 2010 superava abbondantemente il 50%. Questo significa che oggi, stando alla statistica, un matrimonio su due ha il 50% di possibilità di andare in default nei successivi quindici anni. In vero questa percentuale per chi decide di sposarsi oggi è notevolmente più alta, in quanto passata una certa età il tasso di sopravvivenza di un rapporto (contratto) matrimoniale è prossimo al 100%.

In Italia l'anno peggiore per l'istituto giuridico del matrimonio è stato il 2011 - casualmente siamo in piena crisi economica - con un record storico per numero di separazioni e divorzi, a dimostrazione che amore e denaro sono sempre più spesso positivamente correlati, come ricorda un saggio detto popolare: due cuori e una capanna, ma senza dindi è una condanna.

Proprio il denaro da questo punto di vista diventa un rilevante parametro di lettura da non sottovalutare per i novelli sposi, soprattutto per quelli di sesso maschile. Fate assieme a me questo gioco deduttivo di parole. Che cosa vi viene in mente se qualcuno vi dice patrimonio ? Ve lo suggerisco io: benessere, ricchezza, libertà e stile di vita prosperoso. Ora fate lo stesso con il termine matrimonio?

Vi passano per la testa i seguenti pensieri: gabbia, limitazioni, avvocati, suocera, sopportazione, pessimismo e fastidio. Solo una piccolissima parte di voi riesce ad associare sentimenti, esperienze e valori più che positivi (purtroppo).

Il vocabolo patrimonio deriva dal termine latino patrimonium, quest'ultimo con un originario significato ancestrale di cose che appartengono al padre per espletare il suo compito (monium) ovvero provvedere al sostentamento della famiglia.

Anche il termine matrimonio deriva dal latino (matris e monium) tuttavia con un'analogia completamente diversa, intendendo infatti tale vocabolo come il compito di una donna di rendere legittima la propria condizione di madre, enfatizzando quindi la sua completa realizzazione come essere umano mediante l'atto della procreazione (quindi fare figli).

Purtroppo l'ondata di nazifemminismo dilagante che ha preso vita con i movimenti di contestazione sociale alla fine degli anni Sessanta e che nei decenni successivi ha aumentato la propria ingerenza nei gangli della società odierna ha trasformato il matrimonio - grazie anche alla legge sul divorzio - in una palese truffa ai danni dell'uomo malcapitato, convertendo sulla carta l'unione giuridica tra due soggetti di sesso opposto in un assegno firmato in bianco in cui la data e l'importo li metteranno la moglie assistita dal suo avvocato in caso di separazione (sempre più frequente).

Purtroppo oggi il matrimonio è di fatto un raggiro femminista che espone l'uomo a rischi di patrimonio assolutamente insostenibili oltre a ripercussioni ed estensioni di danno riguardanti la sfera delle relazioni sociali e professionali. Ricordo ancora le parole sibilline che mi disse tempo fa un sacerdote francescano ad un convegno sull'etica e la moralità: hanno fatto più danno alla nostra società trent'anni di femmismo che trenta secoli di maschilismo.

Visti i numeri che abbiamo riversato prima, ognuno di voi si sarà fatto un'idea su questo fenomeno che caratterizza la nostra epoca e che produce anche conseguenze negative a livello di coesione e stabilità sociale: nei ¾ delle separazioni sono coinvolti figli minorenni che stigmatizzano ognuno a modo suo l'esperienza del default matrimoniale.

La dimensione del fenomeno è ormai tale che esige un riassetto giuridico volto a produrre equilibrio e armonia sociale, possibilmente introducendo anche disincentivi fiscali in caso di separazione (se ti sposi sai che dovrai pagare una sanzione fiscale in caso di separazione, questo dovrebbe indurre ad effettuare tale scelta con maggiore oculatezza).

Una eventuale opzione di salvaguardia potrebbe essere configurata nel matrimonio a scadenza (esclusivamente per il rito civile) ossia un vincolo giuridico che si rinnova tacitamente tra le parti ogni cinque anni e durante il suo periodo di efficacia non consente in alcun modo la rottura del rapporto matrimoniale.

In caso di legittimo recesso da parte di uno dei due coniugi alla fine di una scadenza quinquennale verrebbero applicate, senza discussione e lite alcuna, le condizioni preconcordate tra le parti prima del matrimonio stesso sia sul versante economico, patrimoniale che parentale.

Molto probabilmente ne sentiremo parlare nei prossimi anni, mentre al momento con la presenza ingombrante di troppi avvocati nel nostro parlamento è difficile che questo dispositivo possa essere varato: per ovvi interessi lobbistici si preferisce gestire e gonfiare la lite tra i coniugi piuttosto che evitarla o normarla in anticipo.

SPERMATHON
pubblicato il 07.09.2016

Negli Stati Uniti sta prendendo piede da qualche anno tra i ragazzi che diventano maggiorenni una nuova variante dello Spermathon conosciuta originariamente per essere una folkloristica competizione tra adolescenti in cui vince chi riesce ad avere più eiaculazioni durante un periodo di 24 ore. Lo Spermathon 2.0 se così lo possiamo chiamare rappresenta invece una variante della competizione originaria avendo una connotazione molto più bizzarra: sostanzialmente il contest mira a mettere in evidenza (pertanto premiare) tanto chi detiene lo sperma con la migliore qualità quanto quello con la peggiore.
Questo significa individuare all'interno del gruppo dei soggetti che decidono di competere tra di loro, i due ragazzi che vantano in contrasto agli altri rispettivamente gli spermatozoi con la migliore e peggiore condizione di salute. Per effettuare il tutto ovviamente ci si deve sottoporre individualmente ad uno spermiogramma, un esame clinico che valuta la qualità del liquido seminale: concentrazione, morfologia e motilità degli spermatozoi.
L'aspetto goliardico di questa cosiddetta competizione giovanile è identificata dalle modalità con cui si dovrebbe svolgere la gara stessa. Ogni partecipante si sceglie una propria partner di sesso femminile che lo aiuta ad avere tanto l'erezione quanto l'eiaculazione: si tratta in genere di una prostituta/escort a pagamento che eroga la suddetta prestazione all'interno di

un'automobile in un parcheggio vicino alla clinica medica a cui successivamente si consegna quanto raccolto.
I più sbruffoni del gruppo si fanno accompagnare da queste gentili e premurose accompagnatrici femminili all'interno delle medesime cliniche (ovviamente nelle stanze appositamente adibite per la produzione e raccolta dello sperma) mettendosi letteralmente nelle loro mani in attesa dell'appagante acme finale. Una volta conosciuti gli esiti dei vari spermiogrammi, la competizione prevede che chi perde tra i ragazzi che vi hanno partecipato debba rifondere le spese sostenute dagli altri nella scelta del rispettivo partner.
Tradotto significa che chi risulta avere lo sperma di peggior qualità deve rimborsare ai suoi coetanei il denaro che ognuno ha speso per la propria escort o prostituta. Potrebbe sembrare molto costoso, tuttavia considerando che si tratta di prestazioni sessuali di pochi minuti e con performance volutamente limitate, il tutto potrebbe risolversi con un centinaio di dollari (considerando quattro o cinque partecipanti).
Quando me lo hanno raccontato, ho faticato a crederci, credendo che si trattasse di una burla. A mente fredda, per quanto il tutto possa essere molto stravagante e bislacco, è indubbio che possa anche avere una qualche finalità diagnostica mettendo in allerta sin dalla giovane età non solo il ragazzo che dovesse aver perduto la gara suddetta, ma anche quelli che si fossero classificati penultimi. La nostra specie (homo sapiens sapiens) non è molto fertile generalmente parlando: una donna giovane durante il suo periodo fertile ha appena un 25% di probabilità di essere fecondata se il suo partner è in salute (o meglio se lo sperma del suo partner è in buona salute).
Questa probabilità si abbassa significativamente con

l'avanzare dell'età quando la donna supera i 35 anni. L'infertilità oggi è conseguenza di fattori di natura esogena ed endogena tanto per l'uomo quanto per la donna. Nell'uomo ricordiamo come principali le alterazioni ai testicoli, diverse patologie che colpiscono la prostata, alterazioni dell'eiaculazione e la sempre più presente disfunzione erettile.

Nella donna invece possiamo citare le lesioni alle tube di Falloppio, la presenza di ovaie policistiche, l'endometriosi assieme a molte altre anomalie uterine. Mettendole assieme si arriva ad un 70% di potenziale infertilità riconducibile tanto al maschio quanto alla femmina. Un 30% rimane invece inspiegabile ossia non è possibile stabilire oggettivamente la causa che produce l'infertilità della coppia. Forse si dovrebbe ricordare maggiormente a tutta la popolazione per vie istituzionali, anziché sbandierare un ridicolo e patetico Fertility Day, che i fattori esogeni hanno superato abbondantemente quelli endogeni (riconducibili al patrimonio genetico individuale).

Nello specifico ricordiamo l'alimentazione (le carni di allevamento sono praticamente bombe ormonali), lo stile di vita sedentario, l'abbigliamento intimo (nell'uomo), lo smartphone inserito nelle tasche frontali dei jeans tanto per l'uomo come per la donna, l'obesità, le droghe giovanili e l'uso disinvolto di farmaci antidepressivi in età giovanile come il Deanxit, il Tavor o il Prozac. In definitiva una mancanza di salute nelle proprie cellule riproduttive (spermatozoi e ovuli) può costare molto caro. Non solo in termini relazionali, ma anche economici.

Rimane un fenomeno spesso non sufficientemente divulgato come molte coppie affrontino momenti di crisi e successivi default a seguito di una incapacità o impossibilità a conseguire una gravidanza.

Solo pochissime (e lodevoli) coppie riescono a superare questo impasse rafforzando il loro legame ed il nobile sentimento che le tiene legate ed unite. La messa in discussione della coppia come generatore di vita e motore della procreazione produce infatti spiacevoli conseguenze che impattano tanto sulla sfera personale (crollo dell'autostima, sensazione di impotenza e sofferenza silente cronica) quanto sul versante economico a seguito di una exit strategy non convenzionale volta a individuare una soluzione surrogata.

Recentemente la televisione spagnola (ricordiamo che la Spagna è il primo Paese in Europa per casistiche di infertilità ed al contempo leader in Europa per la procreazione assistita) ha descritto ed analizzato questo fenomeno sociale mediante un reportage televisivo andato in onda su La Sexta durante il programma Equipo de Investigacion (el precio de un hijo) occupandosi di mostrare che cosa si nasconde dietro al business dell'infertilità.

Desiderare ed avere un figlio quando si è poco fertili può trasformarsi in una spesa per pochi eletti ed in taluni casi anche in un ulteriore incubo. L'infertilità ha dato vita al cosiddetto fenomeno del turismo de reproducion (turismo di riproduzione) in cui le coppie europee si spostano in paesi compiacenti riguardo a questa pratica alla ricerca disperata di una mujer incubadora (gestante).

EL HOMBRE FELPUDO
pubblicato il 19.10.2017

Tradotto dal castigliano significa l'uomo zerbino. Andiamo per gradi. Fino a qualche anno fa, soprattutto in Italia, se si pensava alla Spagna si immaginava il paese dei toreri, degli uomini macho e dei passionali ballerini andalusi di flamenco. Nel resto del mondo la maggior parte delle donne delle altre nazioni, dopo ad un italiano, ha sempre sognato di sposarsi con uno spagnolo, magari un andaluso prestante, caliente e sanguigno.

Questo luogo comune tuttora sussiste, soprattutto nelle persone (soprattutto di sesso femminile) che mai sono state sino ad oggi in Spagna e idealmente immaginano che la popolazione spagnola abbia le sembianze fenotipiche di Antonio Banderas, se maschio, o di Penelope Cruz, se femmina. La realtà purtroppo è piuttosto diversa da questo scenario immaginario, direi quasi ormai ancestrale. Il macho iberico sicuramente esiste ancora, tuttavia è una razza in via di estinzione, confinato in qualche finca isolata dell'Andalusia.

La triste verità odierna vede invece l'uomo spagnolo mediamente piuttosto sottomesso alla donna spagnola, più micio che macho: questo nuovo assetto sociale è conseguenza della crisi immobiliare iniziata dieci anni fa e delle politiche sociali implementate dal peggior primo ministro spagnolo di sempre ossia Josè Luis Rodriguez Zapatero. Il movimento e l'emancipazione femminista sono molto presenti ed aggressivi nella vita di tutti in giorni in Spagna, vi basta pensare che durante la passata estate successi musicali ballati in tutto il mondo come Despacito (Luis Fonsi) o Subeme la Radio (Enrique Iglesiasi) sono stati messi al bando in terra iberica in quanto considerati inneggianti al machismo (maschilismo). Una rilevante parte della popolazione femminile in Spagna è dichiaratamente femminista ortodossa, decisamente molto aggressiva e poco accondiscendente rispetto alle italiane o alle francesi. Vi basta pensare che in Spagna l'uomo italiano è considerato per default un maschilista, senza tante distinzioni.

L'unico dittatore sopravvissuto a tutto ed a tutti in Europa è stato Francisco Franco, che ha governato la Spagna dal 1939 al 1975 imponendo i valori del cattolicesimo nazionale (Dio, Patria e Famiglia). Al pari di Mussolini in Italia, vi sono milioni di persone in Spagna che ancora ad oggi lo ricordano con devozione ed ammirazione.

Proprio come in Italia, anche in Spagna si sta pensando ad una legge per la rimozione di tutto quello che sia riconducibile storicamente al periodo franchista. A fronte di questo passato ed imprinting politico a che cosa si deve allora l'esuberanza e la spocchiosità femminile iberica?

Come già anticipato prima, le cause possono essere ricondotte ad un uomo ed alle sue infelici convinzioni sociali ed economiche. Zapatero ha governato dal 2004 al 2011, sin dagli inizi ha sempre cercato la vendetta nei confronti del regime franchista (il nonno fu condannato a morte), per questo ha varato le leggi sociali più progressiste in tutta Europa con il fine di indebolire la Chiesa Cattolica ed i suoi ideali di famiglia cristiana.

A Zapatero sono infatti attribuite le leggi che regolano le coppie di fatto, i matrimoni fra persone dello stesso sesso, l'adozione da parte di coppie dello stesso sesso ed il diritto all'aborto, oltre alla surrogazione della maternità (l'affitto d'utero).

Il maschilismo sta al franchismo come il femminismo sta al zapaterismo: l'unica differenza tangibile che si può osservare tra i due diversi approcci al governo della nazione è che mentre il franchismo ha mantenuto unita la nazione e rafforzato la sua identità sociale (ricordiamo gli Anni Settanta e le loro problematiche

sociali), lo zapaterismo è andato dalla parte completamente opposta.
Tuttavia non sono bastate delle leggi a sfondo politico a cambiare il rapporto nella società tra uomini e donne: sono state necessarie anche alcune leggi di mercato. Con il Governo Zapatero inizia a gonfiarsi la bolla immobiliare grazie alla spinta propulsiva priva di controllo dell'edilizia privata.
Qui bisogna aprire una parentesi per comprendere come la politica sia responsabile della formazione della bolla immobiliare. L'imposta di registro in Spagna (Impuesto sobre Transmisiones Patrimoniales y Actos Juridicos Documentados), che può arrivare anche al 10% come nella Comunità Valenciana o Andalusa, viene incassata dalla stessa comunità autonoma che la impiega per investimenti infrastrutturali sul territorio della comunità.
Questa competenza perversa ha prodotto le condizioni per il formarsi della bolla immobiliare: infatti il politico di turno concede i permessi a costruire senza tante considerazioni, sapendo che si trasforme-ranno in flussi finanziari da utilizzare per aumentare il proprio prestigio politico in quanto il denaro verrà impiegato per appunto la realizzazione di qualcosa che l'elettore può vedere, toccare e sfruttare.
Un immobile che valeva 250.000 euro produceva infatti anche 25.000 euro di imposte per la comunità in cui l'immobile aveva competenza territoriale. Questo spiega il fenomenale boom infrastrutturale che ha avuto la Spagna tra il 2004 ed il 2009 con alta velocità ferroviaria, nuovi aeroporti e nuove autovie stradali di comunicazione.
Pertanto l'edilizia privata e l'indotto che questa produce in quegli anni trainano l'economia spagnola come un carro di buoi senza cocchiere: i lavori più ben

remunerati all'epoca riguardano proprio tutti quelli che erano ad essa collegati (idraulico, elettricista, muratore, falegname, movimento terra e cosi via). Fatalità mestieri a cui quasi sempre si dedicano gli uomini. Molti ragazzi per questo consci del momento economico felice che sta vivendo il loro Paese, rinunciano a studiare e si buttano subito nel mondo del lavoro senza tanto pensare al conseguimento di un titolo di studio.

Per dirla in termini pratici, un idraulico all'epoca (più di dieci anni fa) guadagnava molto di più di un giovane avvocato. Le donne in Spagna invece entrano nel mondo del lavoro più tardi, perchè generalmente studiano più dei loro coetanei maschis: i lavori non faticosi fisicamente infatti richiedono una preparazione professionale teorica.

Quando nel 2008 iniziano i default immobiliari (costruttori, banche in difficoltà, forniture non pagate e cosi via) la Spagna conosce la dimensione di un nuovo incubo: disoccupazione giovanile ai massimi in Europa oltre alla crisi bancaria nazionale. Chi lavorava nel settore delle costruzioni, dei servizi immobiliari ed in ogni altro servizio indotto entra in poco tempo nelle fila del paro (il sussidio di disoccupazione in Spagna) per poco più di 400 euro al mese.

Coppie giovani che si erano sposate negli anni prima con livelli di reddito più che decorosi, conoscono velocemente il disagio economico. Mentre l'uomo disoccupato rimane a casa sul divano, la donna riesce a riciclarsi più facilmente sul mondo del lavoro, grazie al conseguimento di un titolo di studio e ad una maggior duttilità lavorativa: riesce infatti a trovare lavoro come cameriera, baby sitter, badante o lakelly (donna delle pulizie, dallo spagnolo stringato, la que limpia). Succede pertanto qualcosa di unico: l'uomo rimane senza possibilità di lavoro (avendo una formazione scolastica praticamente minima) con un misero sussidio di disoccupazione, mentre la donna si fa garante della sostenibilità economica del nucleo familiare essendo l'unica ad avere un reddito certo e sufficientemente congruo per il sostentamento di un nucleo familiare. Considerando che l'appartenenza al paro si può protrarre per diversi anni, la donna inizia a sostituirsi all'uomo essendo la sola a percepire un reddito: questo nuovo assetto socioeconomico impatta ovviamente negli equilibri della vita di coppia di tutti i giorni. Provate a immaginare la scena in famiglia: sono io che tiro avanti la famiglia, tutto dipende da me, tu è meglio se te ne stai zitto e continui a guardare la televisione sul sofà, decido io cosa si deve fare adesso.

Pensate alle giovani coppie che hanno contratto un mutuo e quest'ultimo viene onorato ogni mese solo grazie allo stipendio o salario della donna che riesce in qualche modo a lavorare grazie alla sua maggior duttilità per il mondo del lavoro.

Secondo voi se questo assetto si protrae per molto tempo (anni), quanto si dovrà aspettare prima che la donna arrivi a dire che è lei a portare i pantaloni in casa perchè è lei che paga da anni il mutuo ?

Da qui l'espressione di hombre felpudo, molto in voga in Spagna soprattutto per le giovani coppie che si sono formate (ed anche separate) durante il primo decennio del 2000, quando la Spagna sembrava un nuovo Klondike.

In ambito sociologico, si parla invece di una intera generazione di maschi completamente perduta. Non si capisce a questo punto se la si definisce tale, perchè qualche milione di giovani maschi iberici abbia perduto il proprio lavoro e il proprio progetto di vita oppure perchè abbia perduto la propria identità sociale accettando l'idea di convertirsi in un hombre felpudo.

ECONOMIA DEL DIVORZIO
pubblicato il 03.01.2019

Se il matrimonio è in qualche modo correlato all'amore tra due persone, allora il divorzio e la separazione sono legati all'economia piu di quanto si possa immaginare. Rompere una relazione amorosa contratta con il vincolo matrimoniale dopo molti anni può lasciare cicatrici indelebili, non solo all'anima, ma soprattutto al proprio patrimonio. Se una storia d'amore viene suggellata con solennità attraverso la nota marcia nuziale suonata durante la cerimonia matrimoniale (almeno quella secondo il rito cattolico), non possiamo dire antitecamente lo stesso per una separazione che trova formalizzazione davanti ad un avvocato o giudice nei loro freddi ed asettici uffici. Il divorizio muove una intera economia di professionisti, consulenti ed inquirenti.

Si tratta di un vero e proprio ecosistema che solo negli States genera ogni anno oltre 50 miliardi di dollari di volume d'affari tra compensi, consulti, assistenza e faide legali. In Italia potete trovare ogni anno la disponibilità di migliaia di corsi, accreditati e non, che vi spiegano come investire il vostro denaro e come salvarlo dalle banche. Non ne troverete nessuno, purtroppo, che vi insegna a comprendere i rischi a cui potete andare in contro in caso di matrimonio. Si tratta di rischi patrimoniali, professionali, finanziari, salutari e sociali, di cui si viene a conoscenza solo ex-post, vale a dire una volta che si è accessa la luce verde dall'avvocato.

Il pedaggio da pagare quando si decide di divorziare è un salasso, la maggior parte delle persone non valuta a sufficienza le conseguenze. Si spera in una vita migliore, ma nella maggior parte delle ipotesi una persona che appartiene alla middle class diventa povera o in taluni casi addirittura indigente.

Si può arrivare a perdere anche il 75% del proprio parimonio: ovviamente questo vale solo per gli uomini. Continuerò a ripeterlo sino alla nausea: il matrimonio è una conclamata truffa femminista legalizzata. Se avete amici e conoscenti che hanno deciso di sposarsi e vi hanno invitato al loro matrimonio, se veramente vi sta a cuore il loro benessere, allora obbligateli a guardare almeno cinque volte lo straordinario film, Gli Equilibristi, di Paolo Geneovese con un sensazionale Valerio Mastrandea.

Chi spera in una vita migliore tramite il divorzio, pensando di ripartire con facilità con una nuova vita lasciandosi alle spalle il passato, spesso ha fatto male i conti. Conosco dozzine di amici, colleghi e conoscenti che sono entrati nel tunnel. Fate voi quale tunnel: disperazione, depauperazione, depressione ed infine umiliazione. Stiamo parlando del solo frangente patrimoniale, dopo bisogna aggiungerci anche quello familiare con la eventuale disputa sui figli.

Sbagliando si impara ammonisce il detto popolare, tuttavia si può imparare anche dagli errori o leggerezze che commettono gli altri. Per la mia esperienza professionale, assistenza e consulenza a chi si separa, ho visto quasi sempre nell'uomo una totale assenza di lungimiranza nella propria protezione e tutela patrimoniale.

Può apparire cinico, tuttavia un giovane ragazzo o un trentenne esuberante oggi dovrebbe richiedere un consulto professionale ad un gestore di patrimoni o ad un consulente patrimoniale per comprendere come predisporre una rete di protezione e contenimento

qualora il rapporto matrimoniale dovesse naufragare. Sappiate che il 70% dei nuovi matrimoni italiani va in default entro il terzo anno. Rappresenta un dato agghiacciante per ogni uomo. Per la donna invece una straordinaria opportunità di investimento a fondo perduto: se qualcosa dovesse andare male infatti almeno la metà del cucuzzaro se lo porta a casa senza tante difficoltà. Le recenti revisioni della giurisprudenza italiana, prima la Sentenza Grilli del 2017 successivamente riformata nel Luglio di quest'anno, fanno comprendere come sia oggettivamente difficile fare affidamento su uno scenario legale di riferimento il piu possibile statico nel tempo. Il che rappresenta un ulteriore elemento di pericolo e minaccia al patrimonio. Il divorzio è un buco nero per il patrimonio dell'uomo che produce perdite su tre differenti piani della vita. In primo luogo si perde la possibilità di condivisione dei costi fissi della vita familiare come l'affitto e le utenze domestiche. In secondo luogo interrompe la capacità e possibilità di risparmiare ed accantonare denaro per molto tempo, mettendo in pericolo pertanto la posizione finanziaria netta che sia avrà al momento della pensione.
In terzo luogo le ripercussioni sull'attività lavorativa impattano sensibilmente sia sulla produttività che sulla reddittività. Per ovvie ragioni di buon senso, si fattura di meno, si vende di meno, si è meno creativi e concentrati, si ha meno attenzione verso i clienti o fornitori e cosi via.
Si fa presto in tal senso a vedere le conseguenze in un piccolo imprenditore o libero professionista. Si suole dire che in caso di divorzio il miglior alleato sia il dialogo tra le parti al fine di definire un accordo consensuale. Questo nella teoria. In pratica si è potuto verificare che nelle nazioni occidentali i divorzi con gli

strascichi peggiori sul piano economico ed umano sono quelli in cui sono coinvolte persone con un basso livello di educazione e stato sociale. Trattandosi di un contratto a tutti gli effetti, il matrimonio dovrebbe poter avere la sua exit strategy definita ex-ante ossia la eventuale risoluzione contrattuale in cui sono formalizzati in anticipo gli oneri della rescissione per entrambe le parti.

Li chiamano in alcuni paesi anglosassoni love agreement, da non confondersi con i wedding agreement. In Italia si parla da alcuni anni di un progetto di legge volto ad introdurli, cosa che agevolerebbe e tutelerebbe, economicamente e giuridicamente, milioni di potenzali persone interessate a formalizzare il loro reciproco affetto mediante un atto giuridico. Gli unici che invece avrebbero da perdere sarebbero gli avvocati. Pensiamo in tal senso a quanti ve ne sono in Parlamento e di come la loro lobby possa frenare la loro adozione.

TECNOLOGIA

La libertà di una democrazia non è sicura se il popolo tollera la crescita del potere privato al punto che esso diventa più forte dello stesso stato democratico

Franklin Roosevelt

IO E TARA
pubblicato il 01.01.2015

Mi sento euforico oggi, nonostante compia ottantanni e stia per prendere avvio la mia quarta età. Tuttavia l'idea di passare la prima notte di passione travolgente con Tara mi fa ritornare indietro al 2015 quando avevo quarant'anni e abitavo a Malta. Quanto tempo e quanti cambiamenti ho vissuto da allora. Di certo quando ero un bambino agli inizi degli anni Settanta nel precedente secolo non immaginavo che nel mio

percorso di vita vi sarebbero state così tante trasformazioni nella società e nell'economia.
Vivo e lavoro ancora in un'isola in mezzo al mare, non più Malta, ma Bermuda, precisamente a Hamilton, che è rimasto uno dei pochi baluardi cristiani per lo stile di vita europeo, assieme al Sud America e l'Australia. Continuo a chiamare la mia procace e servizievole partner con il nome di Tara, ben sapendo che in realtà quest'ultimo è un acronimo che sta per Titanium Assertive Rearless Android.
T.A.R.A. è un cyborg di ultima generazione animato da una rete neurale a sensori ottici, che si muove e si comporta proprio come un essere umano. Può essere programmata in tre diverse modalità: care giver, wife o playmate. Dopo un anno di attesa finalmente è arrivata la consegna e questo pomeriggio verremmo codificati e imprintati per la prima volta e non ho dubbi su quale modalità le darò vita.
Un momento di rammarico comunque mi soggiace. Oggi il matrimonio come lo intendevamo trent'anni fa non esiste più, rimane tuttavia ancora riconosciuto sul piano legale una sua arcaica variante, il MTWA, che significava in origine il Mid Term Wedding Agreement, sostanzialmente ci si sposava sapendo che l'accordo matrimoniale si rinnova tacitamemte dopo cinque anni oppure arrivederci e grazie.
Il divorzio non esiste più, al pari comunque dei matrimoni, la vita e la progettualità di coppia come la si intendeva alla fine dell secolo precedente fanno parte dei costumi sociali del passato, alcuni sociantropi (mestiere che nel frattempo è diventato molto reddittizio) parlano oggi di archeologia sociale.
Se mi fermo a pensare, mi rendo conto che in pochi decenni il mondo non è cambiato, è stato semplicemente stravolto da eventi funesti e probabilmente da

mancanza di lungimiranza e buon senso delle varie classi dirigenti.
Gli USA sono collassati finanziaramente nel 2023 a seguito della caduta cinese avvenuta l'anno prima dovuta alla bolla sul debito privato: oggi sono divisi in Stati dell'Est America e Stati del West America. Il collasso degli USA ha prodotto a cascata il crash della Famiglia Reale Al Saud in Arabia Saudita, che adesso è diventata una nazione nuovamente dedita alla coltivazione dei datteri ed all'allevamento dei cammelli. Anche gli emirati arabi se la sono vista brutta dopo la dipartita della Famiglia Al Maktoum in conseguenza degli attacchi terroristici ad opera dei ribelli sunniti che ora controllano militarmente l'intera area.
Se me lo avessero raccontato ad inizio secolo non ci avrei creduto, il Brasile, un tempo nazione ricca e prospera, si è schiantato economicamente a causa della deforestazione dell'Amazzonia che ha generato un cambiamento microclimatico avverso nel giro di un decennio il quale ha portato alla carenza idrica l'intera area continentale. Adesso la maggior parte delle città brasiliane sembrano città fantasma.
Nessuno avrebbe scommesso sull'Africa, invece proprio questo continente oggi è il faro economico per tutto il pianeta, gli ASA (African States in Alliance) guidati dalla Nigeria sono il primo player planetario, tanto che Lagos è diventata il primo centro finanziario mondiale in cui si scambiano commodity ed equity da tutto il mondo.
Se penso alla Vecchia Europa e quello che oggi ne rimane. Germania ed Inghilterra si sono unite per creare il NAST (New Anglo Saxon Treaty) e tentare di constrastare il potere finanziario e commerciale degli ASA. Il Giappone è stato spazzato via dal terremoto del

2029, assieme alla California, mentre i grandi distretti finanziari dei Caraibi non esistono più, risucchiati dall'uragano Tetris, che ha fatto sparire nel vuoto anche trilioni di dollari di ricchezza mondiale durante la primavera del 2039.

Quasi tutta la Francia è diventata area contaminata dopo l'incidente catastrofico alla centrale di Chinon nel 2034, mentre l'Italia, che nel frattempo è diventata il più grande esportatore di acqua potabile del mondo, è governata autoritariamente dal PIFA, Partito Islamico per la Famiglia e per Allah.

Solo la Spagna ha stupito tutti, diventando il Paese più ricco al mondo grazie ai programmi di incentivazione sul retirement planning, sostanzialmente tre milionari su quattro al mondo vivono in Spagna.

Il 70% dei mestieri e delle professioni di inizio secolo è scomparso, il movimento operaio si è estinto già verso il 2025 in quanto gli assemblatori sono stati sostituiti da androidi di prima generazione: la prima fabbrica di automobili che li ha impiegati è stata la GME (General Motors of Europe) nata dalla fusione di Volkswagen, Renault e FCA. 4/5 della popolazione mondiale è diventata da decenni vegetariana per necessità dopo la grande pestilenza bovina del 2037: Mc Donald è fallita proprio in quell'anno, la pietanza più consumata al mondo è la cricket salad ovvero l'insalata di grilli fritti. La banca più grande del mondo è diventata G-Bank, che ha unito i servizi di mobile and instant payment di Google.

La malattia più diffusa al mondo è la neoplasia ai padiglioni auricolari a causa di un sempre più intenso utilizzo dei visori dei cool phone, usati anche per il sesso virtuale, e dei G-Visors (l'evoluzione di quelli che erano un tempo i Google Glass). L'azienda più grande del mondo per fatturato è diventata la First Indian

Chemical che produce il Pincher, lo psicofarmaco che viene assunto dai 6/7 della popolazione mondiale, per alleviare i sintomi della schizofrenia indotta dall'eccesso di interazione con i dispositivi virtuali di ultima generazione.

TWO DECADES WITH MOBILE
pubblicato il 03.12.2015

Il titolo tradotto dall'inglese significa letteralmente, due decenni con il cellulare. Alcuni giorni fa mentre stavo ordinando vecchie scartoffie del passato mi sono imbattutto in un vecchio Motorola 8700 (il famoso cellulare con lo sportellino ribaltabile e l'antenna estraibile) che non pensavo manco più di possedere.
Ho ritrovato copie dei piani tariffari, delle prime schede GSM della Omnitel e delle locandine publicitarie di allora. Mi sono dovuto fermare: in quel momento ho realizzato che erano esattamente due decenni che avevo vissuto con un telefono cellulare. Vent'anni con questo apparecchio per comunicare in piena autonomia e discrezionalità.
Ricordo ancora nel lontano 1995 quanto pagai per acquistare quel primo modello, oltre 800 mila lire italiane per il modello in questione, che erano un botto di denaro, ma allora faceva molto figo e tutto sommato era anche un mondo nuovo che iniziava a farsi desiderare. All'epoca non esistevano i piani ricaribili, quindi o avevi la carta di credito oppure il conto corrente per appoggiare il RID mensile di pagamento del piano tariffario selezionato.
Chi oggi ha vent'anni non si rende conto di questo passaggio, infatti esistevano all'inizio due tariffe per chiamate da e verso il cellulare: la tariffa familiare (che

si chiamava cosi perchè mettevi a rischio il futuro economico della tua famiglia se effettuavi chiamate per svariate ore durante il corso del mese) e la tariffa business (molto più conveniente).

Ricordo che per la tariffa familiare si pagavano circa 1.950 lire italiane per minuto di conversazione più scatto alla risposta se chiamavi tra le 8.30 e le 20.30, mentre al di fuori di questa fascia oraria costava sostanzialmente una sciocchezza meno di 200 lire al minuto.

Comprai il Motorola perchè all'epoca facevo il deejay (durante gli studi universitari) e in questo modo potevo essere reperibile durante la notte dai gestori dei locali da ballo ed anche dai PR delle discoteche: proprio in quell'anno il Motorola 8700 divenne un must per il mondo della notte.

Si riconosceva la tariffa che avevi in base al prefisso del tuo cellulare, tipo 338 o 339 per i familiari e 335 o 337 per i profili business, naturalmente questi erano i prefissi GSM di Telecom Italia Mobile, mente il secondo operatore Ominitel (oggi assorbito da Vodafone) aveva il 333 oppure il 334 per distinguersi dalla concorrenza. Pertanto chi ti chiamava sapeva quanto spendeva a seconda del prefisso che avevi.

Oggi questo è ormai preistoria, nonostante siano passati appena due decenni. Negli anni successivi vi è stata l'esplosione dei negozi di telefonia cellulare, portando all'ingresso di altri tre operatori come Wind, Blu (acquistata successivamente da Wind) ed infine Tre.

Il cellulare per quasi un decennio è stato il GSM (Global System for Mobile Communications), prima vi era l'antenato denominato TACS (Total Access Communication System) in dotazione ai primi modelli di radiotelefono portatile a valigetta su licenza SIP (poi confluita in Telecom Italia).

Verso la fine del 1997 sono arrivati anche i piani tariffari prepagati e questo ha creato un vero effetto di overboost a tutto il mercato della telefonia mobile, facendo diventare accessibile a tutti l'acquisto ed il mantenimento di un cellulare. La moda e lo stile di progettazione con il tempo divennero elementi di distinzione sociale ad esempio ricordo il Motorola Startac, il Nokia 8110 (il modello a banana) oppure l'Ericsson T28 che all'epoca rappresentavano tutti e tre il top di gamma dell'offerta tecnologica.

Per quanto questi apparecchi si distinguessero nel colore, nella forma, nelle dimensioni contenute e nel prezzo avevano comunque tutti la medesima funzione ossia effettuare una telefonata, riceverla o se te la sentivi di perdere cinque minuti per scrivere un messaggio di testo eventualmente inviare un SMS.

Il telefono cellulare era pertanto asservito a gestire il proprio traffico voce, possiamo chiamare questa fase storica come The Mobile Era 1.0 ed è fino a qui che ancora oggi io mi sono fermato. Successivamente vi è stata una breve parentesi fortunata dei cellulari BlackBerry o simil tali (agenda e posta elettronica uniti al cellulare) che è durata sino a scemare verso il 2010, una parentesi che potremmo definire The Mobile Era 2.0 (a livello tecnologico invece si usa la sigla G per indicare la generazione di appartenenza, oggi siamo al 4G). Già perchè nel 2008 arriva Apple con iPhone diventando in poco tempo una killer application. Entriamo allora nella Mobile Era 3.0 in cui sostanzialmente viene riconcepito il ruolo del telefono cellulare, la sua funzionalità, la sua interazione con la tua vita quotidiana tanto che da mobile si passa alla definizione di smartphone.

Quest'ultimo rappresenta l'oggetto dei desideri delle giovani generazioni tanto che oggi a 18 anni è diventato il primo acquisto da effettuare per avere status sociale, quando avevo la loro età avevamo invece l'utilitaria ad assetto sportivo o qualcuno in alternativa la chitarra elettrica.

Lo smartphone serve a tutto tranne che a telefonare: videogiocare, fotografare, taggare, videofilmare, chattare e soprattutto gingillarsi e trastullarsi in continuazione con i vari socials. Chi mi conosce e frequenta, mi prende continuamente in giro per l'apparecchio telefonico che utilizzo sia per la mia sfera professionale che la mia vita privata, un modesto Nokia basico che telefona e basta, nemmeno fa le foto o permette di navigare.

Quando mi hanno regalato uno smartphone, il giorno dopo era in vendita a metà prezzo su Ebay. Gli smartphone sono il peggior nemico per la vostra salute, la vostra privacy, la vostra produttività, il vostro sonno, la vostra qualità di vita ed infine la vostra concentrazione tanto nel lavoro quanto nella vita familiare.

L'hanno battezzata FOMO ossia Fear of Missing Out, letteralmente paura di essere tagliati fuori: l'idea che stia accadendo qualcosa sui socials o nel world wide web che ci stiamo perdendo ci spinge a connettersi continuamente in modo compulsivo.

Nei giovani adolescenti lo potete riscontrare praticamente ovunque, ogni trecento secondi devono effettuare lo slidelock allo schermo del loro smartphone per verificare se ci sono notizie o post di qualcuno che si conosce.

Vi sono inoltre applicazioni per inviare messaggi istantanei, che hanno surclassato i vecchi sms, a gruppi di conoscenti di varia tipologia che ormai sono diventate più deleterie ed invasive di una nube di zanzare che ha deciso di assediarvi. Vedo colleghi ed amici che vivono e lavorano con questi smartphone in cui ogni dieci minuti subiscono il richiamo del FOMO sia che si trovino in riunione, in famiglia, in palestra e cosi via.

Si tratta di una vera e propria dipendenza patologica che sicuramente nel lungo termine porterà a sviluppare comportamenti compulsivi o irrazionali che probabilmente saranno calmierati dal ricorso a sostanze psicotropiche. Provate a tornare indietro: prendete la vostra SIM e schiaffatela dentro un cellulare basico che squilla se qualcuno vi chiama e basta. Vedrete come migliorerà il vostro umore, la vostra concentrazione, la qualità del sonno e soprattutto molti altri aspetti della vita di tutti i giorni.

Questo non significa abbandonare i socials, li potete frequentare per qualche minuto ogni giorno ad orari prefissati e schedulati dalla vostra tradizionale postazione PC tanto al lavoro quanto a casa come se fosse la lettura di un quotidiano o la consultazione di un sito di vostro gradimento.

Molti dissenteranno da quanto indicato, non voglio fare forzature, tuttavia se non prendete i socials e gli smartphone e li mettete in una posizione ridimensionata rispetto a voi, saranno proprio loro a prendersi la vostra vita e ridimensionare la vostra qualità di vita, specie quando passsereamo alla Mobile Era 4.0 ossia l'era dei Google Glass e suoi simili.

QUEL NUOVO MONDO
pubblicato il 04.05.2017

Sono in atto due grandi mutamenti epocali per la società umana, il primo di natura economica ed il secondo a sfondo sociale. Con grande presunzione

hanno anche un legame di causa ed effetto uno con l'altro, condizioneranno e modificheranno purtroppo il nostro stile di vita cosi come oggi lo conosciamo.
Sul primo versante abbiamo la quarta rivoluzione industriale attualmente in corso ed in costante evoluzione giorno per giorno. Con questa terminologia si vuole definire in senso molto ampio l'innovazione digitale nei processi industriali che consentono di aumentare significativamente la competitività in ogni settore economico, soprattutto nei comparti manifatturieri.
Qualcuno potrebbe definirla per semplicità l'era dei robots, tuttavia questa definizione abbraccia uno spettro di interazioni tecnologiche molto più ampio: infatti la quarta rivoluzione ingloba ed amalgama diverse nuove tecnologie tra di loro contigue come il cloud, i big data, il 3D printing, l'automazione con interfaccia umana e l'IOT (internet of things). Quest'ultima in particolar modo rappresenta una evoluzione dell'uso del world wide web che consente agli oggetti con cui interagiamo tutti i giorni di acquisire un'intelligenza grazie al fatto di poter comunicare dati tra loro stessi ed accedere ad informazioni aggregate da parte di altri: l'esempio più intuitivo è il vostro frigorifero il quale sarà in grado di ordinare la spesa online sulla base delle scorte e giacenze presenti sui vari ripiani.
Questo sarà possibile grazie ad etichette di identificazione a radio frequenza (RFID) che possono comunicare informazioni in rete o a dispositivi mobili come il vostro smart phone. La quarta rivoluzione industriale sta già facendo vittime, alla pari di tutte le altre rivoluzioni precedenti, soprattutto in ambito occupazionale. Ne abbiamo già parlato anche all'interno di altri redazionali in passato, tuttavia non

fa male ricordarlo soprattutto per chi ha figli adolescenti o in tenera età.
Circa il 60% delle attuali professioni e mestieri entro dieci anni scomparirà in quanto inutile, obsoleto o economicamente improduttivo. Sostanzialmente tutto quello che può essere codificato e riprodotto in serie in quanto rappresenta un protocollo operativo o un processo di produzione standardizzato è destinato a scomparire, perchè sarà sostituito da un robot, da un software senziente o da un dispositivo ad interfaccia umana.
Il numero di mestieri che scompariranno è impressionante: si va dal tassista all'ormai inutile cassiere, dal ragioniere contabile all'infermiere, dall'operaio in fabbrica al promotore finanziario, dal receptionist al conducente di mezzi pesanti. Il cielo è il vostro limite.
Se vi fermate a pensare quali conseguenze economiche in ambito occupazionale avranno le auto che si guidano da sole (che già esistono ed andranno a regime in produzione tra qualche anno) capirete la criticità che ha questa nostra epoca in ambito sociale. Ad esempio scompariranno carrozzerie, assicurazioni auto, pompe di benzina, meccanici e cosi via in quanto le automobili con self-drive non saranno causa di incidenti e cosi via discorrendo. Continueranno invece ad esistere e saranno super richiesti (e molto ben remunerati) tutti quei lavori che non possono essere sostituiti da protocolli standard perche ad esempio necessitano di improvvisazione, creatività, personalizzazione, negoziazione, intuizione e cosi via, in sintesi quello che una macchina proprio non può fare in quanto non essere senziente. Pertanto, per dirla alla Bill Gates, o sei uno o sei zero: significa che se hai delle capacità, più per dote personale che per rango sociale o percorso di

studio, che ti consentono di smarcarti dalla folla allora puoi sperare di conseguire uno stile di vita che abbia significato vivere (denaro, status sociale, potere contrattuale, libertà) mentre negli altri casi sarai schiacciato al suolo come un insetto insignificante ed un livello di reddito di mera sussistenza.

Proprio qui si aprono scenari a sfondo sociale. La quarta rivoluzione industriale sta già mutando anche l'ordine economico mondiale ossia chi comanda su chi e chi decide cosa per tutti. Pensate a riguardo che Tesla oggi ha una capitalizzazione di borsa superiore a quella di General Motors. Considerazioni analoghe si potrebbero dire per corporation che detengono di fatto una posizione dominante e preoccupante per la fruizione e gestione di queste nuove tecnologie e processi di interazione trasversali: si va da Apple a Samsung, da Paypal a Vodafone, da Google a Facebook, da Amazon ad Alibaba. Proprio Google ad esempio è proprietaria della Boston Dynamics: vi invito a visionare il loro sito per comprendere che cosa stanno sviluppando e produrranno in serie nei prossimi anni. Nell'antichità esisteva l'aristocrazia ossia una forma di governo nella quale poche persone (i migliori, secondo l'etimologia greca) controllavano interamente lo Stato. Oggi, come razza umana, stiamo regredendo ad una forma di governo di nuova etichettatura nella quale poche giovani corporations hanno più potere ed influenza di interi governi: si tratta di una oligarchia di soggetti privati che controlla la mobilità, il commercio online, la visibilità mediatica, la fruizione di contenuti, l'accesso alla rete e cosi via, sostanzialmente quel nuovo mondo che in origine era parallello alla old economy, ma che ora la sta decisamente surclassando e soffocando. E qui entriamo nel secondo mutamento epocale della nostra società ossia la vita e assidua presenza all'interno dei socials network. Sean Parker è stato co-sviluppatore assieme a Mark Zuckerberg dei principali strumenti di Facebook, oltre che fondatore di Napster. A lui si deve l'idea di far vivere le persone nei socials. Abbiamo vissuto nella campagne, abbiamo vissuto nelle città e adesso vivremo nei social networks. Sta accadendo proprio questo infatti: le generazioni di giovani adolescenti vivono sul web, non hanno più una vita sociale a risvolto fisico nel senso tradizionale del termine, tutto è virtuale, troppo virtuale, sesso compreso.

La presenza e l'interazione sociale su questo mondo parallello è ormai una ossessione compulsiva per queste giovani generazioni sempre più dissociate e staccate dalla realtà circostante, quasi come se per loro fosse inesistente o secondaria. Solo in Italia abbiamo 2.2 milioni di giovani ragazzi che non studiano e non lavorano, ma che stanno attaccati alla rete come se fossero alimentati da quella Matrix che abbiamo conosciuto con lo strepitoso film ideato e prodotto dalle sorelle Wachowski. La disoccupazione prodotta dalla quarta rivoluzione industriale non potrà essere soluzionata, vale a dire che non ci saranno altri nuovi posti di lavoro in grado di assorbire chi perderà il posto di lavoro a causa di un robot o per un software a interfaccia umana.

A tal fine quindi la domanda qualcuno sta iniziando a farsela: ma come sarà possibile dare sostentamento economico a questa moltitudine di esseri umani. Difficile che verranno a divervelo nello specifico, meglio lasciare tempo al tempo in modo da consentire una lenta metabolizzazione di questa trasformazione sociale. Di certo ci aspetta una sorta di neocomunismo in cui invece del politburo sovietico di vecchio stampo avremmo un pool di giovani aziende mondiali,

detentori di killer application della quarta rivoluzione industriale, che vi diranno come e cosa mangiare, vestire, ascoltare, interagire, vedere, possedere e cosi via.
Tuttavia proprio a queste stesse corporations verrà richesto economicamente di sostenere una sorta di sussidio (reddito) di base per tutti coloro che non potranno o non vorranno lavorare e si accontenteranno di un livello di sussistenza sociale minima, l'importante che sarà loro garantito l'accesso alla rete, la fruizione e la produzione di contenuti ed il mantenimento di un moderno stile di vita.
Benoit Hamon, il giovane socialista che è succeduto ad Hollande in Francia e si è recentemente candidato alle Presidenziali con un flop elettorale degno di Antonio Ingroia, nel suo programma politico prevedeva proprio la tassa sui robots ovvero una imposizione fiscale dedicata alle corporations che producevano disoccupazione sfrenata implementando le loro innovazioni. Gli introiti di questa imposta avrebbero fornito copertura finanziaria al reddito di base. Come ho detto un neocomunismo rivisitato. In Italia si parla di reddito di cittadinanza. Si tratta solo di aspettare che il disagio sociale aumenti al punto tale da produrre un consenso trasversale per l'accettazione di queste proposte politiche. Alla fine non manca poi così tanto a Matrix.

SINDROME FOMO
pubblicato il 13.09.2017

Ritorno su un argomento di natura socioeconomica che ormai è diventato l'essenza di questa epoca. Situazione: sono in treno e di fianco a me si siede una ragazza,

penso appena ventenne, con la solita postura clichè da pariolina ossia borsetta di marca (presunta) sul braccio sinistro e luxury smartphone (evito di dire il modello) saldamente sulla mano destra.
Stavo leggendo una rivista per i fatti miei, tuttavia dopo qualche dozzina di minuti la mia attenzione sulla lettura si è affievolita. Ho infatti iniziato a notare che con una cadenza di circa due minuti questa ragazza andava a controllare qualcosa sullo smartphone e lo faceva con un rituale ieratico degno di un androide. Sostanzialmente non vi erano segnali acustici o vibrazioni che avvisavano di qualcosa, ma questa teenager con una destrezza e velocità che mi impressionavano, sopratutto con il pollice destro andava ad aprire sempre le stesse due applicazioni dal desktop del suo device mobile (potete immaginare quali), osservando il display per pochi nanosecondi e subito dopo richiudendolo per rimettendosi in posizione di attesa con la mano pronta a rifare il tutto entro pochi secondi.
Non ho potuto fare a meno di notare che il tutto è andato avanti per più di quaranta minuti, senza nel frattempo che avesse scritto o ricevuto niente: semplicemente un mero rituale della serie aspetto che vedo che cosa è successo o che cosa stanno scrivendo. Ovviamente sui socials. Un'immagine val più di mille parole: potessi aver ripreso la scena allora il lettore si renderebbe conto di quanto sto dicendo. Devo dire che mentalmente ho pensato che questa ragazza fosse schizofrenica o avesse significativi problemi di igiene mentale, e lo dico non con spirito offensivo ma caso mai diagnostico.
Preciso subito che non ho lo smartphone e non ne voglio sapere di averlo, mi accontento di un vecchio e super basico cellulare GSM che può al massimo inviare

un messaggio con il T9. Quando eravamo adolescenti, almeno per quelli nati agli inizi degli anni settanta, i genitori, i parenti, i conoscenti, gli insegnati a scuola e la maestra di dottrina ti dicevano tutti fino alla nausea di non accettare in nessun modo dosi di droga gratis da sconosciuti (all'ora andava di moda l'eroina) o fantomatiche persone che te la offrivano per provarla gratuitamente per la prima volta. La ragione era molto semplice: produceva assuefazione, oltre ai danni irreversibili alla salute ed allo status sociale (essere un eroinomane non era proprio il massimo). Ragione che ti spingeva a fare di tutto per procurartela successivamente: qualcuno forse si ricorda in quell'epoca i furti ai mangianastri estraibili delle autovetture.

L'eroina nella seconda decade del nuovo millennio è rappresentata dallo smartphone e dalla sua interazione ossessiva nelle varie piattaforme di condivisione sociale ormai arcinote: sostanzialmente la dipendenza dai social networks. In ambito medico è stato coniato l'acronimo FOMO per descrivere questa patologia della mente (propriamente sarebbe un disordine della psiche) che significa fear of missing out. Tradotto rappresenta l'ossessione di sapere e controllare tutto quello che accade sui profili socials delle persone che conosciamo o seguiamo. Chi è padre con figli adolescenti è consapevole di come dormano ogni notte i propri cari: smartphone sotto il cuscino e controllo ossessivo del profilo e delle varie chat anche durante le ore di notte profonda.

Proprio come l'eroina, anche lo smartphone in sé oggi è diventato il principale nemico per la tua salute, la tua attenzione, la tua felicità e la tua produttività sul lavoro. Per ragioni di spazio espositivo, non mi dilungo sulle conseguenze che il suo uso prolungato e

sconsiderato provoca agli occhi, all'udito (per via delle cuffiette) e alla colonna vertebrale (testa sempre inclinata in avanti con peso mal distribuito).
Immagino che molti stiano inveendo contro di me leggendo questo post. Toccatemi tutto, ma non il mio smartphone, mi verrebbe da dire. Tuttavia voglio farvi fare questa riflessione. Ma a che cosa serve oggi lo smartphone ?
Non mi dite lavorare perchè vi stareste mentendo da soli. L'80% del traffico dati che si sviluppa su questi dispositivi mobili è indirizzato verso Facebook, Whatsapp, YouTube ed i vari servizi di messaggistica istantanea.
La produttività crolla inesorabilmente perchè si è costantemente disturbati dai vari pling e plong di allerta sonora per qualche sciocchezza, commento di haters o foto di gattini che qualcuno sta postando.
Chi ha una segretaria intende a che cosa mi riferisco. Se vi capita guardate anche gli effetti che provoca sugli adulti (dai managers ai professionisti): penso sia la norma ormai osservare al ristorante un'intera famiglia davanti ognuno alla propria pizza che si fa i fatti suoi guardando qualcosa su questi dispositivi.
Come l'eroina negli anni Settanta, lo smartphone ti sta trasformando in un automa celebroleso con un basso livello di autocoscienza. Si pensava in passato che la tecnologia del futuro avrebbe aumentato mediamente i livelli di QI dell'intera popolazione di una nazione, scopriamo oggi che accade proprio l'opposto. Un istupidimento e imbarbarimento generale dovuto per la maggiore a questi strumenti interattivi che stanno forgiando i nuovi malati mentali dei prossimi decenni (consumatori seriali di Prozac e Laroxyl).
Se lavori e devi effettivamente produrre non ti puoi permettere queste costanti e sistematiche distrazioni

futili. Elon Musk, considerato l'imprenditore più illuminato del mondo, comunica con il suo entourage direttamente face to face oppure in alternativa solo via email. Lo stesso fanno tanti altri grandi tycoon: Bill Gates compreso, che ha bandito lo smartphone ai suoi figli in casa.

Qualcuno potrebbe obiettare dicendo come si fa a vivere senza smartphone e socials. Attenzione, non sto sostenendo l'abbandono dai socials: purtroppo il mondo odierno ci obbliga ad avere una presenza sulla rete. Solo che dobbiamo prenderli per quello che sono e possono (limitamente) offrire.

Chi dice di mettere lo smartphone in modalità stand-by cosi può solo ricevere telefonate e non viene in questo modo disturbato durante la giornata, si dovrebbe porre una domanda. Ma che te ne fai allora dello smartphone, prenditi un cellulare basico. Risposta: si però in questo modo potrei dare l'impressione di essere un troglodita tecnologico che non segue la moda.

Appunto: ecco cosa vi hanno fatto diventare, adepti seriali di queste grandi case tecnologiche che vi spingono a comperare devices da diversi centinaia di euro con un potenziale tecnologico che se vi va bene utilizzerete effettivamente al 10% e che nella maggior parte dei casi vi servirà per ostentare lo strumento come status symbol in società.

Per questo motivo ad una riunione, ad un incontro o al ristorante, la prima cosa che si fa è porre lo smartphone subito ben in vista sulla tavola, per ostentare la propria fede all'interlocutore in fronte del tipo: io solo uno che compra Apple, io invece Samsung oppure io sono anticonformista e voglio solo Huawei. Alla fine solo pochi si accorgono che non sono loro a possedere uno smartphone, ma è questo dospositivo a possederli.

VENT'ANNI CON IL WEB
pubblicato il 02.12.2017

Sta facendo il giro mediatico su tutti i socials una foto scattata a Venezia di recente che ritrae un gruppo di amici giapponesi su una gondola per i canali della città lagunare intenti non a mirare le bellezza e la suggestione della capitale veneta quanto piuttosto il display del loro smartphone. Con lo stupore del gondoliere che esterna al tempo stesso perplessità e preoccupazione.

Mi sono reso conto che quest'anno ho celebrato inconsciamente vent'anni di vita assieme al world wide web. Risale infatti al 1997 la mia prima esperienza di navigazione con un desktop computer collegato alla rete mediante una connessisone analogica intentando di ricercare informazioni e grafici su un titolo azionario quotato al Nasdaq. Mi guardo indietro per un momento e mi rendo conto di quanto è cambiato (troppo) il mondo in così poco tempo.

Andiamo per gradi: all'epoca non esistevano nè Facebook, Google, Skype o YouTube: se volevi surfare ti serviva conoscere l'esatta estensione dell'url da digitare e soprattutto un modem che non ti abbandonava durante i tentativi di connessione. Qualcuno se li ricorda ancora i modem analogici collegati via cavo di rame alla presa del telefono tradizionale, quello di casa per intenderci. Per chi è adolescente e giovane non sa che cosa significa tutto questo: in pratica se ti collegavi in questo modo, la linea telefonica della tua abitazione risultava sempre occupata e pertanto non potevi ricevere telefonate alcune. Nelle grandi città, per le attività professionali era invece disponibile (a caro prezzo) la linea ISDN che risolveva il tutto. Si navigava a 56 kilobyte al secondo di download nella migliore delle ipotesi: quanta nostalgia mi fa oggi il modem che emetteva il tipico rumore di connessione di quell'epoca.

Si pagava un tanto in lire italiane per ogni minuto di connessione ed un tanto per ogni tentativo di connessione. Solo il collegamento alla rete poteva essere un incubo di ogni giorno. Ricordo che quando iniziai come trader part-time avevo un abbonamento con un internet service provider che costava 120.000 lire al mese e mi garantiva almeno 4 ore di connessione all'interno di ogni giorno solare mediante il dialing di un numero verde dedicato.

Al posto di Google si usava Yahoo, Virgilio o Arianna ed al posto di Chrome o Safari si poteva scegliere solo tra Explorer o Netscape. Questa prima epoca storica è stata battezzata come il WEB 1.0 ossia un primo stadio evolutivo in cui l'interazione era unidirezionale, il web infatti serviva soprattutto per reperire informazioni e poterle scaricarle direttamente. L'e-commerce era ancora molto primitivo e nella maggio parte dei casi serviva solo per inoltrare un ordine (al posto del fax) che veniva successivamente saldato con un tradizionale bonifico bancario.

Per condividere qualcosa si inviava una email o newsletter mediante la propria casella di posta a conoscenti ed amici con la dicitura fate girare o altro di simile. Ho vissuto così per quasi cinque anni quando finalmente, anche nelle località di provincia in cui abitavo, ha iniziato ad essere disponibile la connessione a banda larga, che metteva in soffitta il modem analogico, quadruplicava la velocità di navigazione, soluzionava il problema dei crash di navigazione e soprattutto era un legame "always on" con il web ossia eri sempre collegato incurante dei costi di connessione in quanto diventavano fissi e non più variabili.

L'ADSL cambia il modo di lavorare, di interagire con il proprio personal computer e soprattutto del tempo che si inizia a dedicare a quello che genericamente si chiamava solo "internet". La disponibilità di un nuovo tipo di accesso alla rete sia in download che in upload cambia la genetica del web che in questa fase storica viene definita il WEB 2.0.

Durante questa parentesi che dura quasi otto anni, dal 2000 al 2007, muta la modalità di interazione trasformando l'utente o il navigatore in un generatore di contenuti, nascono e prendono vita infatti i forum, i blog, le chat, i podcast i video sharing e per ultimo i social networks iniziano la loro gemmazione.

Nel 2004 nascono Skype e Facebook, nel 2005 YouTube nel 2008 Netflix lancia il servizio di video streaming on demand. Tra il 2000 ed il 2008 il world wide web produce un impulso al cambiamento che può tranquillamente essere paragonato all'effetto prodotto dall'introduzione della macchina a vapore di James Watt nel 1750 per tutta la manifattura dell'epoca.

La killer aspplication che pone le basi per il salto quantico della rete nel nuovo WEB 3.0 la si attribuisce a Steve Jobs quando presenta nel 2007 l'iPhone di Apple. Di fatto proprio quella data rappresenta una sorta di nuovo zero cronologico per il world wide web: dopo la prima decade di cui abbiamo esposto i principali cambiamenti, entriamo nella seconda, quella più impattante per il modo di lavorare ed anche per le influenze e conseguenze sul nostro stile di vita.

Il WEB 3.0 ci proietta di fatto in una seconda e parallela vita virtuale, quella che ad esempio tenevano occupati i giapponesi nella gondola di cui sopra.

Il WEB 3.0 rappresenta una ulteriore evoluzione del world wide web resa possibile grazie alle molteplici interazioni di applicazioni che non sono più fruibili con i browser tradizionali: non entro nel tecnicismo di alcuni aspetti ma per rendere di facile comprensione il tutto basta evidenziare come i contenuti del web non sono più costituiti da pagine in linguaggio html, ma da un database che ne consente l'archiviazione più strutturata e di maggiore reperibilità.

Questo negli anni a venire (ma già succede oggi in via embrionale nei siti di terza generazione) permetterà ad esempio la ricerca e fruizione delle informazioni e contenuti ai sistemi e dispositivi di intelligenza artificiale, i quali potranno interagire e comunicare con l'uomo proprio mentre intentano ad estrarre tali dati. Quel mondo che abbiamo potuto vedere nel film "Her" con Joaquin Phoenix in cui un rivoluzionario sistema operativo provvisto di intelligenza artificiale è in grado perfino di apprendere ed elaborare le emozioni umane, non è poi così lontano.

Non so se a quel punto verrà varato il termine di WEB 4.0 ma l'interazione preistorica che si ha con il proprio personal computer quando lo usiamo per navigare all'antica sarà presto un ricordo del passato proprio come lo è stato il modem analogico di neanche quindici anni fa.

Molto probabile infatti che avremo una interfaccia neurale che proprio come nel suddeetto film ci chiederà che cosa necessitiamo (video, notizie, dati o chat) e successivamente attuerà tramite un comando vocale i nostri desideri o necessità.

A quel punto anche i siti un tempo riconosciuti come tradizionali scompariranno nel senso che nessuno arriverà in un sito per aver effettivamente digitato il vecchio indirizzo url.

---

approfondimenti su www.internetsociety.org

THE GENESIS BLOCK
pubblicato il 04.01.2018

Molto probabile che durante il 2018 assisteremo alle super performance di cripto monete alternative al Bitcoin, mentre quest'ultimo si avvierà lentamente ed inesorabilmente ad un progressivo declino sia delle quotazioni che dell'interesse mediatico a cui ci aveva invece abituato durante il 2017. Il nuovo anno inizia con un avvicendamento nel ranking mondiale delle criptovalute con Ripple che diventa la seconda moneta più scambiata al mondo, la cui performance fa impallidire tutti gli invasati che hanno continuato per mesi e mesi a focalizzare solo sul Bitcoin.
La fine del 2017 sarà comunque ricordata per il nuovo outlook di Morgan Stanley, riservato esclusivamente alla clientela istituzionale, che analizza il Bitcoin ed il suo possibile futuro, il quale non appare molto confortante con un significativo rischio di collasso delle quotazioni in relazione all'avanzata di competitors molto più efficienti e tecnologicamente avanzati. Ritengo comunque rilevante per la propria cultura finanziaria soffermarsi un momento sulla genesi del Bitcoin in quanto da quest'ultima possono emergere degli spunti di riflessione da utilizzare per altri investimenti analoghi nel futuro.
Il 31 Ottobre del 2008 (sostanzialmente un mese dopo il fallimento di Lehman Brothers) alle ore 14.10 di New York circa duecento componenti di una ignota mailing list di esperti e cultori di criptografia negli United States ricevettero una email (con origine criptata) da un tizio che si presentava con il nome di Satoshi Nakamoto. Il contenuto di questa email menzionava un sistema monetario (currency system) descritto con una white paper di nove pagine che era scaricabile da un

sito web registrato giusto due mesi prima. Questo nuovo sistema monetario veniva chiamato bitcoin. Il paper di presentazione spiegava in chiaro con illustrazioni, equazioni, codici e note a margine il nuovo sistema della moneta digitale, la quale veniva definita come una catena di firme digitali (chain of digital signatures). Ogni possessore di questa moneta digitale avrebbe trasferito la stessa ad una terza persona siglando digitalmente l'insieme eterogeneo (hash) delle precedenti transazioni ed aggiungendo la propria firma alla fine di questa sequenza di transazioni.

Ancora ad oggi non è conosciuta l'identità di questa persona (o persone) che si cela dietro a questo nome di fantasia. Tra le numerose caratteristiche che questo sistema monetario vantava di avere era la sua capacità di operare al di fuori delle tradizionali reti bancarie in quanto le persone avrebbero potuto inviarsi queste monete direttamente l'uno con l'altro senza necessità di terze parti garanti della transazione (trusted third parties).

Molti appartenenti alla misteriosa mailing list facevano parte del Cypherpunk Movement, un'associazione libertaria di attivisti dediti all'utilizzo della crittografia per supportare i meccanismi di voto democratico: uno degli esponenti più conosciuti al mondo di questo movimento è Julian Assange, il fondatore di Wikileaks.

La moneta di Nakamoto consentiva di autenticare il trasferimento digitale mediante l'apposizione di una stringa di testo pubblica per tutti gli utenti, la quale veniva a sua volta autenticata da una chiave privata e segreta. Sempre lo stesso Nakamoto riteneva la sua creazione sufficientemente scalabile ossia robusta a sufficienza per sostenere centinaia di milioni di transazioni.

Inoltre il sistema monetario era concepito per remunerare mediante incentivi tutti coloro i quali aiutassero il sistema stesso a confermare le transazioni attraverso la messa a disposizione della potenza computazionale di calcolo del loro personal computers (quella che oggi si chiama l'attività di mining).
Dopo aver registrato il dominio bitcoin.org, il fantomatico Nakamoto si rese conto che doveva passare dalla pratica alla teoria così che all'inizio del 2009 accese il suo desktop personal computer, caricò l'algoritmo per minare la sua creatura dando vita ufficialmente al bitcoin.
Il suo personal computer è stato battezzato il Node Number One. Creò anche il suo wallet digitale, il primo wallet della storia del Bitcoin. Il suo stesso computer pertanto minava per l'unico wallet che esisteva allora: questa semplice attività (visto che non esistevano altre transazioni) gli consentì di creare il Genesis Block ossia il primo blocco della blockchain che riporta la data del 3 Gennaio 2009.
Per questa attività di mining venne ricompensato con cinquanta bitcoins. Nei sei giorni successivi l'algoritmo ed il suo desktop pc continuarono a girare, facendogli ottenere numerose migliaia di bitcoin (oltre 43.000 unità di moneta) che ad oggi varrebbero più di 600 milioni di dollari, ma allora valevano zero in quanto non venivano acquistate e scambiate da nessuno.
A quel punto decise di riscrivere a tutti i componenti della precedente mailing list annunciando loro il first release di bitcoin, un sistema monetario elettronico completamente decentralizzato e privo di un server centrale. Le risposte che ricevette non furono molto incoraggianti: chi sottolineava i costi energetici troppo elevati per mantenere in vita il nuovo sistema monetario e chi sosteneva che nessun governo avrebbe

permesso una sua concreta diffusione. Soprattutto molti si chiedevano: ma chi è questo Satoshi Nakamoto ? Fino a qualche tempo prima nessuno ne aveva mai sentito parlare, si trattava infatti di un tizio ignoto che aveva spammato un numero di persone tutte accomunate dal medesimo interesse: la crittografia e la sicurezza digitale. Se non ci fosse stato un seguito a questo secondo mailing, il bitcoin di fatto non sarebbe mai esistito. Eppure all'interno della reticenza e dello scetticismo iniziale, ricordo sempre che stiamo parlando di persone con una cultura e formazione informatica fuori del comune, vi fu una prima persona che venne colpita dal lavoro di Nakamoto.

Si trattava di Hal Finney, uno sviluppatore di software della PGP Corporation (inglobata nella Syamantec durante il 2004), il quale ovviamente era un componente di rilievo all'interno del Cypherpunk Movement. Può aiutare a farsi un idea del tutto sapere che i principali sviluppatori di sistemi di criptazione al mondo sono governi e dipartimenti militari che devono proteggere alcune informazioni sensibili da possibili attacchi di potenziali nemici.

Probabilmente Hitler non avrebbe mai perduto la guerra con gli Alleati se questi ultimi non fossero riusciti a decifrare Enigma, un rotore elettromeccanico che permetteva di criptare e decriptare i messaggi inviati ogni giorno ai vari dipartimenti militari. Per la cronaca Enigma è stato decriptato da un giovane matematico inglese ebreo ed omosessuale (Alan Turing) che ancora oggi non viene minimamente menzionato nei libri di storia. Torniamo a noi: Hal Finney scrisse incuriosito a Nakamoto il quale ovviamente utilizzava una email criptata chiedendo di potersi unire al progetto e svilupparlo.

Successivamente, parliamo del 10 Gennaio 2009,

effettuò il download dell'algoritmo di Nakamoto, si creò un secondo wallet ed iniziò anche lui a minare i bitcoin a colpi di 50 unità per blocco minato. Hal Finney si convertì per questo nel Secondo Nodo della allora blockchain embrionale: Nakamoto per effettuare una prima transazione come test gli trasferì dieci bitcoin dal suo wallet a quello di Finney, il quale pertanto è il primo essere umano ad avere ricevuto bitcoin da qualcun altro.

Successivamente i due continuarono a testare l'algoritmo nelle settimane successive il quale andò in crash più di una volta obbligandoli a effettuare svariati upgrade: dalla prima versione 1.0 sino alla 1.3. Nakamoto scomparì formalmente nell'Aprile del 2011 senza salutare (via email) o dare spiegazioni: semplicemente si eclissò nel più totale mistero.

Nel 2013, dopo quasi quattro anni di mining incessante, ad Hal Finney venne diagnosticato una sclerosi amiotrofica e dopo nemmeno un anno morì per le conseguenze degenerative della malattia.

Hal Finney è il vero pioniere del Bitcoin, in quanto è stata una persona in carne ed ossa, riconosciuta e riconoscibile, mentre su Nakamoto ancora ad oggi nessuno ha idea di chi sia veramente ed effettivamente. Su alcune community, vista la capacità di comunicare misteriosamente con i migliori specialisti di criptografia negli USA in quel tempo, qualcuno ipotizza che questo Nakamoto altro non fosse se non la NSA, National Security Agency. Tra l'altro in giapponese, ricorrendo ad un sofismo letterario, questo nome e cognome si potrebbe tranquillamente tradurre in una lingua occidentale in "intelligenza media". Ovviamente è una ipotesi.

La dotazione di bitcoin che nel tempo ha raccolto e conservato Hal Finney, amministrata e gestita dalla sua famiglia, al momento viene utilizzata per sostenere finanziariamente il corpo di Finney in un centro criogenico in Arizona in quanto per volontà dello stesso si confida e spera che nel futuro possano esistere cure e soluzioni mediche per la sua malattia. Ci vollero comunque svariati anni dopo il 2009 prima che una persona comune potesse avvicinarsi al bitcoin e dotarsene con un proprio wallet in quanto le prime transazioni di bitcoin furono letteralmente vis-a-vis.

UBERISATION
pubblicato il 23.08.2018

Se chiedete ad amici o conoscenti qual'è la professione più odiata ed invidiata al tempo stesso con grande presunzione vi dirà la figura del notaio pubblico, almeno in Italia. Per l'opinione pubblica infatti i notai percepiscono redditi molto elevati esclusivamente in forza di una posizione di rendita ed assenza di concorrenza.
Ricordo che quando ero adolescente la figura del notaio era esaltata e stigmatizzata al pari di un vassallo durante il feudalesimo. Effettivamente queste figure professionali non sono responsabili in astratto della produzione di valore aggiunto in favore di un ecosistema economico, si limitano piuttosto a parassitarlo in forza di disposizioni normative che sanciscono il loro ruolo di pubblico ufficiale e soprattutto i compensi che ad essi sono dovuti.
Persino nel cinema all'interno di numerose commedie italiane viene rappresentata spesso la macchietta del notaio italiano come il riccone di turno che ha fatto il grano grazie alla sua posizione e non per la sua intelligenza o capacità. Tuttavia per quanto sia

fastidioso e frustante corrispondere a tali figure professionali elevati onorari per atti e transazioni a visibilità pubblica abbiamo la consapevolezza che questo si verifica veramente poche volte durante il corso della nostra vita, ad esempio per l'acquisto di un immobile, la cessione di un titolo di proprietà o una successione ereditaria.

Oltre ai notai vi sono anche altre categorie professionali la cui protezione normativa sancisce la loro posizione di rendita a scapito della creazione di valore aggiunto. Penserete ad avvocati e dentisti, in vero mi riferisco ai tassisti. Nella passata settimana, in piena estate, è andata in scena in Spagna uno dei piu grandi scioperi degli ultimi anni da parte di questi operatori economici protetti: Madrid, Barcellona e Valencia sono state messe in ginocchio dalla paralisi del settore del trasporto privato. Si arrivava in aeroporto o alla stazione dei treni confidando di chiamare un taxi per spostarsi successivamente al proprio rendez vouz e invece si rimaneva bloccati per ore interminabili cercando in qualche modo di soluzionare il tutto con i mezzi pubblici.

Il danno turistico in termini di immagine per il paese iberico è considerevole, forse nel 2017 qualcuno si ricorda anche lo sciopero degli assistenti di terra negli aeroporti spagnoli sempre nello stesso periodo. Le cause dello sciopero dei taxi che hanno rovinato le vacanze a decine di migliaia di persone oltre che aver creato disagio alle persone che lavoravano normalmente sono riconducibili a quattro lettere: UBER. L'azienda californiana che fornisce un servizio di trasporto automobilistico privato attraverso una applicazione mobile che mette in collegamento diretto passeggeri e autisti rappresenta una killer application per il settore dei tassisti convenzionali.

In tutto il mondo ormai sono ben note le faide legali con governi e tribunali volti ad impedire che questa società possa effettivamente operare al fianco di chi esercita il lavoro del tassista tradizionale. Per quanto la propaganda mediatica tenda a proteggere i tassisti non dobbiamo mai dimenticare che tale categoria professionale rappresenta un soggetto economico che opera in regime di monopolio. Può fare il tassista infatti chi possiede una licenza (in quasi tutto il mondo) e tali licenze ovviamente sono controllate e predeterminate numericamente in modo tale da garantire una certa redditività a chi le acquista (proprio come avviene per i notai). Questo è l'annoso nodo gordiano: se si accetta l'introduzione dei servizi di Uber in un ecosistema chiuso in cui il settore del trasporto privato è contingentato sin dalla sua nascita: si producono indubbiamente dei benefici per gli utenti finali (ad esempio come una maggior offerta di corse taxi con tariffe piu basse), ma al medesimo tempo si porta ad agonia e morte economica tutti i tassisti che si sono indebitati per acquistare la licenza di cui sopra che consente una rendita economica in grado di far ripagare il debito.

In America si direbbe che si tratta di un tipico caso di TINA ossia there is no alternative: non ci sono soluzioni, non esiste una proposta del tipo win-win. In un modo o nell'altro qualcuno ci perderà sempre. Negli USA dove Uber è presente ormai da diversi anni, si sono verificati centinaia di sucidi di tassisti nelle grandi città metropolitane a causa dei debiti contratti per acquistare una licenza taxi la quale tende ad avere un valore di mercato tendente allo zero man mano che Uber avanza come diffusione e consenso nel pubblico.

Sul lato opposto vi è la gestione delle licenze che in molte grandi città è sostanzialmente lo stesso di quello di 20 anni fa, l'unico elemento distintivo ad esempio in Italia ed in Spagna sono i permessi per il noleggio con conducente che in qualche modo consentono di aumentare l'offerta, tuttavia non producono un abbassamento delle tariffe nel trasporto privato.

Si chiama uberisation ossia la fase di transizione di un sistema economico in cui molte risorse tangibili vengono rese fruibili a condizioni economiche più vantaggiose grazie ad una infrastruttura (solitamente una mobile application) che consenta l'incontro tra la domanda e l'offerta in tempo reale.

Ovviamente Uber ha fatto da apripista, ma se ci fermiamo un momento scopriamo che questo modello di impresa è stato adottato anche da altre grandi aziende mondiali che ci hanno cambiato la vita: AirBnB, TaskRabbit, CouchSurfing, KickStarter, BlaBlaCar e cosi via assieme ad altre centinaia.

Questi operatori economici rappresentano i principali attori della sharing economy, un mondo in cui lentamente scompariranno gli intermediari assieme a tutti i soggetti a questi ultimi collegati. I tassisti tradizionali pertanto in un modo o in un altro scompariranno, magari un poco alla volta, facendo spazio a qualcosa di più pratico, comodo ed anche meno costoso. La stessa fine dovrebbero farla più avanti anche i notai, quando la tecnologia della blockchain sarà implementata universalmente, a tal punto basterà uno smart contract ed una identità digitale per effettuare una compravendita di un immobile o per trasferire la proprietà di una partecipazione societaria. Appaiono in tal senso molto difficili i tentativi normativi di congelare lo status quo nella speranza di proteggere operatori economici ormai antieconomici e socialmente inutili in un mondo in piena e continua evoluzione. Dopo tutto, vent'anni fa nelle scuole superiori si insegnava stenografia, non mi pare che gli stenografi siano stati protetti oltre ogni limite di buon senso innanzi ai cambiamenti della società e del mondo del lavoro.

OLD ECONOMY

*Dovendo scegliere fra cambiare idea
e dimostrare che non è necessario farlo,
quasi tutti scelgono quest'ultima alternativa*

John Kenneth Galbraith

REAL ESTATE HORROR
pubblicato il 04.12.2014

Se ci soffermiamo ad ascoltare le agenzie di stampa dell'industria bancaria e dell'indutria legata all'intermediazione immobiliare, il numero dei mutui erogati in Italia durante il 2014 segnala un significativo aumento rispetto all'anno precedente, indice questo che, secondo loro, ormai abbiamo raggiunto e superato la fase di bottom e da questi livelli i prezzi possono iniziare a risalire.

Se uno crede ancora alle favole, penso che oggi viva molto più serenamente il cambiamento epocale che contraddistingue tutta l'economia planetaria. Iniziamo con il ricordare che il numero delle compravendite ormai si è dimezzato in dieci anni, passando dalle 870.000 del 2004 al conteggio stimato di 420.000 per la fine del 2014. Il prezzo medio di mercato per le abitazioni residenziali è passato dai 2.100 euro di picco nel 2007 agli attuali 1.500 euro, con una contrazione complessiva quindi del 30%.

Questo dato comunque è naturalmente destinato a peggiorare. Hanno contribuito a rinvigorire le erogazioni di mutui le operazioni di surroga che da questo punto di vista non possono essere considerate come nuove operazioni di prestito al mercato immobiliare, quanto eventualmente di ristrutturazione e ottimizzazione del rischio tassi implicito.

Recentemente ho avuto modo di confrontarmi con un noto esponente dell'industria bancaria sullo scenario immobiliare, italiano e non solo. Sostanzialmente la maggior parte delle banche italiane non ritiene più strategico finanziare mediante erogazione di mutuo le giovani coppie che si sposano: è una questione di rischio connaturato alle mutate condizioni culturali della società.

Un matrimonio su due va in default entro il terzo anno nel 60% dei casi. Questo mette in difficoltà l'istituto finanziario in quanto come è risaputo la conflittualità tra i due ex coniugi produce faide legali oltre ogni ragionevole buon senso.

L'exit strategy in questo caso infatti porta a due possibili soluzioni: la prima presuppone che di comune accordo si decida di vendere l'immobile gravato di ipoteca in modo da estinguere il mutuo e consentire ad ogni ex coniuge di ripartire con una nuova esperienza coniugale (sempre che se ne abbia ancora il coraggio). La seconda strada (quella più intrapresa) presuppone che uno dei due coniugi - solitamente il partner femminile - per fare un dispetto all'altro, intraprenda azioni legali al fine di congelare de facto lo status quo impendendo la vendita dell'immobile e mettendo in questo modo in difficoltà la banca con il rientro del mutuo. Da sapere che sempre più spesso anche per mutui di recente erogazione, in caso di prima ipotesi sopra menzionata, gli ex coniugi rischiano di trovarsi in equity negativa.

Questo significa che anche ammesso di riuscire a vendere in poco tempo l'immobile in questione, il ricavato ottenuto dal prezzo di cessione non è sufficiente a coprire interamente il saldo residuo ad estinzione del mutuo. Le banche italiane per questo preferiscono prestare denaro ai soggetti single, se, e soltanto se, sono presenti garanzie accessorie (firma della nonna o simili) a cui possono aggrapparsi in caso di ritardo nel pagamento delle rate.

Dieci anni fa o più accadeva esattamente il contrario, grazie anche alla possibilità di cartolarizzare gli affidamenti più rischiosi, spostando di fatto il rischio di insolvenza sul mercato e non sul soggetto bancario erogatore del mutuo.

Il mercato immobiliare perchè possa rinvigorirsi avrebbe la necessità di poter contare su flussi in ingresso nel nostro Paese di persone giovani con necessità di abitazione e a lato risorse individuali (capitali, titolo di studio, ambizione ed intraprendenza giovanile) che consenta loro di potersi con il tempo permettere l'acquisto di una propria abitazione. Pensate da questo punto di vista a chi è entrato in Italia in questi ultimi dodici mesi da clandestino e invece chi in parallelo vi è dovuto fuggire.

Sono appena rientrato da Londra, una città metropolitana in cui i prezzi delle abitazioni residenziali, tra i più alti al mondo, si sono riprese e sono state caratterizzate da una fase di lento recovery.
Certamente sono ancora distanti dal picco che le ha contraddistinte durante il 2007 - sotto di oltre un 15% sui massimi storici - tuttavia secondo commentatori ed osservatori del mercato immobiliare londinese vi possono essere delle potenzialità nei prossimi anni rese disponibli grazie ad operazioni di bonifica e riqualificazione di quartieri residenziali un tempo degradati o colonie di low class people.
La ratio londinese parte da una constatazione pacifica, per smuovere il mercato immobiliare si deve creare appeal ed interesse su qualcosa che oggi costa poco, pertanto si devono attuare tutte le possibili varianti urbanistiche in grado di modificare il landscape e la percezione di prestigio del territorio post intervento, ad esempio radendo al suolo vecchie case di edilizia popolare o aree artigianali/industriali dismesse per sostituirle con spazi residenziali più avvenieristici e funzionali alla vita ed interazione odierna.
In questo modo investendo "in advance" durante la fase di lancio del progetto è possibile ottenere dei ritorni significativi sul capitale conferito. Lo stesso modus operandi si potrebbe implementare anche in Italia in particolar modo in quelle aree residenziali che in poco tempo si sono trasformate in quartieri di extra-comunitari, compromettendo di non poco il valore stesso degli immobili. Questo tipo di interventi presupporrebbe comunque una regia delle istituzioni che è assente persino nel cuore della politica nazionale.

---

approfondimenti su www.istat.it/it/archivio/immobili

THE BANK FAMILY
pubblicato il 16.04.2015

Questo termine penso che non sia mai stato coniato prima, soprattutto in merito al concetto che che vuole esprimere. Esiste una variante con i termini invertiti, the Family Bank, che tuttavia ha una funzione semantica ed un significato completamente diverso. Con quest'ultimo si identifica a livello mediatico una banca che offre servizi di gestione di investimento e di intermediazine finanziaria rivolti ai componenti di un nucleo familiare.

L'allocuzione invece The Bank Familiy identifica una famiglia il cui comportamento e missione di esistenza assomiglia molto a quello di una generica banca. Facciamo un passo indietro: la globalizzazione ha prodotto una evoluzione del rapporto familiare tra genitori e figli. Sino a qualche decennio fa il matrimonio era inteso come progetto di vita tra due persone di sesso opposto volto a procreare, educare, crescere ed aiutare la propria prole.

I figli in tal senso erano concepiti sia come naturale obiettivo di vita e sia come una assicurazione per la propria vecchiaia. Per questo sussisteva una sorta di gentlemen agreement intergenerazionale proprio in relazione al significato della parola "aiuto". Durante la fase dell'adolescenza e della maturità, i genitori usualmente fornivano assistenza e supporto tanto economico (mantenimento, avvio agli studi, educazione sportiva) quanto finanziario (acquisto prima casa e sostegno all'avvio di un'attività imprenditoriale).

Questo aiuto sarebbe stato tacitamente e lealmente ricambiato dai figli sotto forma di assistenza e vicinanza ai propri stessi genitori durante gli anni della vecchiaia, non a caso si è sempre parlato di come i figli potessero essere considerati come il bastone della propria vecchiaia. Ancora oggi in molti paesi asiatici la nascita di un figlio è considerata la migliore assicurazione sulla propria pensione.

Questo approccio trovava il suo fondamento sul fatto che i figli, una volta sposati, avrebbero vissuto e lavorato nelle vicinanze dei genitori o dei suoceri: in tal senso il centro degli interessi di vita (lavorativa, affettiva, sociale e ricreativa) sarebbe praticamente coinciso con la città natale o stanziale dei propri genitori. Per questo motivo la famiglia tradizionale in Italia nei decenni precedenti ha assunto anche il ruolo strategico di ammortizzatore sociale privato, intervenendo nei momenti di difficoltà improvvisa o passeggera.

La globalizzazione ha prodotto tuttavia significativi effetti collaterali che hanno impattato il quieto vivere della famiglia tradizionale, uno di questi è rappresentato dal fatto che oggi i figli studiano e dopo trovano lavoro molto distante da casa o addirittura all'estero. I genitori che mandano i figli a studiare all'estero spesso non sono consapevoli che poi non li rivedranno mai più, al di là di qualche ricorrenza o festività religiosa.

Si sceglie di investire nella formazione scolastica ed accademica, magari di matrice anglosassone, recependo come quest'ultima possa consentire di smarcare socialmente la propria discedenza o ritenendola il biglietto di sola andata per abbandonare il Paese (leggasi Italia) ormai caratterizzato da una spirale distruttiva e proiettato al declino industriale e sociale. Pertanto in questo modo i genitori scelgono di trasformarsi in banca, anticipando a fondo perduto le spese e gli oneri che servono ai propri figli per provare ad affermarsi altrove o in altra nazione nella speranza che questo possa servire al conseguimento di un tenore reddituale più che decoroso. Nel loro subconscio rinunciano in tal senso all'idea di poter avere le braccia del loro stesso sangue a cui aggrapparsi in tarda età. Dopo generazioni e generazioni, si abbandona pertanto l'idea di investire in patrimonio per i propri figli preferendo piuttosto il potenziale di reddito. Sostanzialmente sino a qualche decennio fa, i genitori accantonavano ricchezza - finanziaria o immobiliare - per i figli a cui avrebbero potuto attingere successivamente per le loro esigenze di vita (abitazione per sposarsi o disponibilità finanziarie per avviare un'attività lavorativa). Il tutto rappresenta un cambio epocale di mentalità, che avrà anche non poche conseguenze in termini di stabilità e connotazione sociale nelle generazioni future.

Negli USA questo approccio alla vita è routine tanto che nella testa di ogni padre di famiglia rieccheggia di continuo il mantra: come fare a mandare i figli al college (che sarebbe grosso modo la nostra università) sapendo che quest'ultima rappresenta l'unica strada che possa garantire alla propria discendenza un futuro radioso e sereno - ricordo che in America le università che contano costano decine di migliaia di dollari all'anno solo per la retta di iscrizione.

Una volta che i figli sono avviati al mondo del lavoro e grazie alla loro formazione accademica possono contare su stipendi molto elevati - ovviamente non tutti solo chi riesce a distinguersi ulteriormente - i genitori perdono il legame con i propri figli molto presto, solitamente dopo la High School e non appena arriva l'eta della pensione si trasferiscono in altri stati molto più accoglienti (clima, assistenza, divertimento) per trascorre l'ultima parte della propria esistenza.

I figli che solitamente garantiscono e forniscono supporto finanziario per consentire la permanzenza dei propri genitori in tali strutture residenziali (retirement village), incontrano di rado i propri genitori (periodo estivo o qualche festività nazionale). Gli USA anticipano sempre tutti di almeno due decenni in termini di moda o stli di vita, si tratta di aspettare ed anche in Europa questo approccio alla vita andrà a regime con la Bank Family destinata a diventare un altro emblema della nuova società globalizzata.

LA TUA VECCHIAIA
pubblicato il 09.02.2017

Il quadro macroeconomico e socioeconomico che si sta delineando in questi ultimi mesi, soprattutto se si è italiani, non dovrebbe più lasciare adito a possibili interpretazioni su quelle che dovrebbero essere le tue priorità di vita.
L'assalto immigratorio, il deterioramento della coesione sociale anche nelle piccole comunità di provincia, il deficit demografico del nostro Paese e quello che comporterà nei prossimi due decenni, gli interrogativi sulla capacità di sostenersi economicamente una volta che si giungerà all'età della pensione, la conflittualità intergenerazionale sempre più accesa a causa di mutati stili ed ideali di vita, lo sgretolamento di certezze un tempo indissolubili sulla sicurezza e spensieratezza finanziaria diventano tutti dei must per obbligarvi a farvi la seguente domanda ed anche trovare, se possibile, la relativa risposta: come ed in che modo vorreste vivere quando vi ritirerete dal mondo del lavoro in forma spontanea oppure obbligata. Ne ho parlato anche in altre occasioni in passato: la percezione della vecchiaia e la sua delocalizzazione rappresentano oggi temi dominanti per chi fa parte

della Baby Boomers Generation. L'industria del risparmio gestito sta sviluppando e promuovendo prodotti e soluzioni finanziarie di nuova concezione per far fronte alle esigenze di income che avranno le persone che desidereranno implementare un nuovo progetto di vita innanzi alla terza età.
Professionalmente mi sto specializzando sempre più in questa nicchia di mercato ossia la delocalizzazione della vecchiaia, in tutti i suoi aspetti pratici, finanziari, fiscali, immobiliari, sanitari e sociali.
Deve trattarsi di una ingerenza osmotica legata all'envinroment sociale in cui vivo una parte dell'anno (gated community) in cui come unico italiano vedo come invece vivono gli altri europei quando superano i sessanta anni.
Gli italiani presi nella loro generalità hanno iniziato a sviluppare inconsciamente questo habit solamente in questi ultimi cinque anni, più che altro più per esigenze di sopravvivenza economica che di benessere economico. Sostanzialmente si ricerca un paese il cui costo della vita consente il sostentamento di tutti i giorni a fronte della propria rendita pensionistica.
In questo caso non si parla di vivere e godersi la terza età, ma solo di aspettare la morte biologica in uno stato di surrogato benessere economico. Non parlo dopo di chi vive con l'angoscia del dopo che verrà. Generalmente sono imprenditori che hanno accumulato molto durante la propria esistenza e si rendono conto dell'incapacità della propria discendenza a proseguire con decoro l'azienda di famiglia. In taluni casi si arriva anche a ipotizzare come mitigare la conflittualità tra eredi per la spartizione del quibus.
Non sono una novità le faide fratricide per l'assegnazione di beni patrimoniali facenti parte di un determinato asse ereditario. In Italia sento ancora

parlare nostri connazionali come se fossimo agli inizi degli anni Settanta: come facciamo con i figli, chi li aiuterà dopo di noi, basterà il patrimonio che lasceremo loro per consentirgli di vivere decorosamente. Pensieri molto nobili e condivisibili, tuttavia ormai anacronistici.
Il mondo è cambiato troppo in fretta e molti per questo non sono ancora preparati allo stile di vita che li aspetta quando saranno anziani, se non avranno pianificato meticolosamente la loro vecchiaia.
In tutti gli aspetti possibili ed immaginabili. Stando alle ultime proiezioni INPS chi è nato agli inizi degli anni Ottanta dovrebbe andare in pensione verso i 75 anni con un coefficiente di trasformazione della rendita che si attesterà tra il 40% ed il 50% dell'ultima retribuzione.
Nei prossimi anni il tema della pensione sarà significativamente rivisto per una grande platea della popolazione nel senso che, chi potrà, gestirà spontaneamente l'inizio della sua vecchiaia in forma indipendente grazie ad un proprio patrimonio finanziario messo a reddito, da trasferire in parte eventualmente a eredi designati.
Infatti il concetto di famiglia e di coesione familiare come lo conosciamo oggi saranno molto diversi nel 2030 e questo ovviamente produrrà le relative conseguenze pratiche. Impensabile infatti l'idea di lavorare fino a quasi ottantanni: deltronde i modelli pensionistici odierni a causa di sperequazioni attuate in passato devono ottimizzare il più possibile il payout.
Significa avere una equity positiva tra quello che avrete versato e quello che incasserete come aventi diritto ad una pensione. In pratica l'ottimo sarebbe che moriate pochi anni dopo la percezione della pensione. Sembra un pensiero cinico, in altri ambienti si parla invece di sostenibilità finanziaria.

Purtroppo chi non avrà patrimonio o accantonato qualcosa in via autonoma si troverà a vivere un incubo. Si parla per questo già oggi di future generazioni perdute, riferendosi ad una parte della nostra popolazione, che pur sapendo che cosa le aspetta non hanno la capacità reddituale di far fronte a forme di previdenza integrativa. Quanto bisogna pertanto mettere da parte ? Possiamo ipotizzare una cifra in grado di materializzare ed affrancare le nostre aspettative ? Facciamo cosi: scrivete come vorreste vivere da sessantenni in pensione. Elencate le spese dettagliatamente che vi trovereste ad affrontare per gratificare questo momento della vostra vita, senza rinunce e limitazioni: ricordatevi di inserire viaggi, sport, intrattenimento, spese mediche impreviste, gestione automezzo e cosi via. Una volta che avete individuato questa cifra rapportatela ad un 35% dell'ultima retribuzione (in futuro le proposte in stile APE saranno sempre più frequenti).

La differenza che vi manca rappresenta quanto dovete apportare per compensare le vostre aspettative di vita. Ovviamente se non potete contare su questo tipo di apporto dovrete obbligatoriamente ridimensionare la vostra vita il che significa cambiare casa, città di residenza, abbandonare lo sport tanto amato, il tenore alimentare e soprattutto magari rinunciare a tutto quello che vi ha divertito e procurato benessere sia fisico che emozionale durante la vita lavorativa. Rappresenta una sfida generazionale. Troppe persone vedo che continuano a dire ci penso in prossimità dei 50 anni. Purtroppo sarà già troppo tardi.

Per rispondere al quesito posto prima pensate alla seguente casistica. Se aveste oggi a 75 anni una disponibilità liquida di 150.000 euro potreste a questo punto permettervi di prelevare più di 700 euro ogni singolo mese, sapendo che dopo vent'anni in prossimità dei 95 anni il conto di deposito si sarà interamente prosciugato.

Questa simulazione tuttavia contempla una remunerazione del deposito ad un tasso di interesse reale di almeno il 2%. Come diceva J.P. Morgan dovrebbe essere il sogno di tutti poter morire serenamente il giorno prima di aver usufruito e speso per se stessi tutti i risparmi accumulati in una vita di sacrifici e duro lavoro.

ALITALIA FOREVER
pubblicato il 30.03.2017

Provate a riguardare qualche film di successo di inizio anni Ottanta, di produzione anche statunitense, e noterete con stupore che in numerose occasioni quando durante la rappresentazione scenografica gli attori dovevano imbarcarsi in un volo per arrivare in Europa, nelle Americhe o in Africa veniva spesso inquadrato un velivolo Alitalia in fase di decollo o atterraggio. Non era una forma di pubblicità occulta quanto piuttosto una convinzione sociale che in quelle remote ormai epoche la compagnia di bandiera italiana era un vettore aereo considerato prestigioso ed elitario. Vantava servizi di terra e volo, personale ed aerei che difficilmente avevano offerta migliore, fatte salve l'Air France e la British Airways che potevano volare a New York con il Concorde (non presente sulla flotta italiana).

Sempre da quelle epoche con cadenza quasi periodica ci ricordiamo anche di crisi aziendali di Alitalia soprattutto legate a tensioni sindacali per la gestione del personale. Alitalia è stata uno stipendificio a servizio della politica per decenni, forte della sua vicinanza logistica con i centri del potere nella capitale italiana, non è una novità.

La penultima Alitalia, ovvero quella che possiamo ricondurre alla discutibile gestione di Giancarlo Cimoli nel 2008, tecnicamente si chiamava Alitalia Linee Aeree Italiane (Alitalia LAI) ed era un'azienda a prevalente guida ed ingerenza statale, forte di una partecipazione dello Stato nell'azionariato sociale al 49% ed il rimanente distribuito sul mercato.

Nel 2009 la crisi Alitalia, soprattutto in ambito di sostenibilità finanziaria, diventa il tema dominante sulla scena politica italiana. Tornando indietro quasi a dieci anni, entra in scena CAI, una holding finanziaria il cui acronimo significa Compagnia Aerea Italiana guidata da Roberto Colanninno, che rileva tramite uno spin-off da quello che resta di buono della storica Alitalia rispettivamente rotte, aerei, marchio, la licenza di operatore e quello che rimane di Air One.

Gli azionisti principali di maggioranza relativa di questa CAI sono rispettivamente Intesa SanPaolo con il 20%, Poste Italiane con un altro 20% ed infine Unicredito con un 13%. Dal 2009 pertanto si passa da Alitalia LAI a Alitalia CAI: già questo tentativo di riassetto strategico si dimostrerà nel giro di pochi anni piuttosto infelice in quanto Alitalia CAI parte volutamente ridimensionata come operatore rispetto ad Alitalia LAI, con un taglio di trenta destinazioni straniere ed un aumento invece delle tratte domestiche del 50%.

Sostanzialmente un Alitalia più presente a casa propria che fuori dai suoi confini. La flotta in servizio di Alitalia CAI passa da 175 velivoli a 109 di cui una parte considerevole non in livrea nazionale (perchè ad esempio velivoli di Air One). Prima di arrivare a questa soluzione comunque non vanno dimenticati i tentativi di acquisizione mediante possibile privatizzazione da parte di concorrenti esteri come AirFrance KLM, Lufthansa ed Aeroflot, che nel tempo ritirano il loro interesse rendendosi conto che l'azienda italiana non può essere ristrutturata facilmente per la elevata ostilità in ambito sindacale nell'accettare i vari piani di esubero del personale.

La gestione di Alitalia con la nuova governance CAI ha una vita tutto sommato piuttosto breve. Dopo i primi anni in cui migliora solo la reddittività e l'indebitamento complessivo della società, nel 2012 impatta sulla vita dell'impresa italiana anche la congiuntura economica internazionale ed Alitalia si trova a perdere mediamente circa 600.000 euro al giorno.

In tre anni la gestione CAI produce perdite per oltre 700 milioni che vengono ripianate da aumenti di capitale sottoscritti dagli stessi azionisti. Nel 2013 Roberto Colanninno si dimette da deux ex macchina dell'intera operazione di rilancio aziendale ed inizia una fase interlocutoria con Ethiad Airways interessata ad Alitalia: si narra che un ruolo di rilievo per il possibile matrimonio tra le parti in quell'epoca lo abbia avuto proprio l'ex premiere Enrico Letta.

Dopo quasi un anno di negoziati e l'approvazione dell'antitrust europea finalmente si giunge ad un accordo con la compgnia emiratina e nasce Alitalia Società Aerea Italiana (Alitalia SAI) sotto forma di joint venture tra CAI ed Ethiad in cui il controllo al 51% è conferito agli arabi. Velivoli, attività commerciali, rotte e marchio passano nuovamente di mano per la seconda volta.

Ethiad Airways porta con se una dote di 500 milioni di euro per il rilancio del marchio ed il nuovo piano industriale volto a trasformare quel che resta della compagnia di bandiera italiana in una sorta di vettore low cost di qualità e prestigio. Vengono ridisegnate le divise del personale, ristilizzati marchio e advertsing: migliaia di assistenti di volo vengono edotte su come si deve mettere il rossetto sulle labbre in un corso di formazione tenutosi ad Abu Dhabi.

Presidente di questa Alitalia SAI viene nominato Luca Cordero di Montezemolo: la nuova Alitalia inizia a volare con una nuova veste giuridica da Gennaio 2015. Nonostante venga premiata nel 2016 con il Best Airline Cousine (compagnia aerea con la migliore qualità di pasti serviti a bordo), la società italiana continua ad avere difficoltà economiche chiudendo il 2015 con una perdita di quasi 200 miloni di euro.

Dopo quasi vent'anni dal primo tentativo di rilancio, apprendiamo che oggi Alitalia SAI necessita di un terzo tentativo di rilancio con un altro piano industriale triennale basato su consistenti tagli dei costi operativi (soprattutto agli stipendi del personale) e snellimento delle maestranze (si parla di duemila esuberi). Ovviamente i sindacati hanno indetto l'ennesimo sciopero. Provo a sintetizzare al massimo quanto è accaduto in questi due decenni sino all'esperienza di rilancio fallimentare a firma araba: pur considerando che i costi caratteristici del personale di Alitalia sono molto più elevati rispetto a quelli della regina dei cieli leggasi Ryanair, non è su questo fronte che la compagnia di bandiera italiana si è scavata nel tempo la fossa.

Il lento declino lo si deve ai piani di sviluppo e ipotetico rilancio che hanno implementato prima CAI e dopo Ethiad, che hanno cercato di far competere Alitalia nelle tratte domestiche ed a medio raggio con le compagnie lowcost ridimensionando invece le rotte internazionali. Per dirla in un altro modo è come aver provato a far competere Scavolini con Ikea. Vi è di più: Alitalia SAI (quella di Ethiad) rispetto alla prima Alitalia LAI è sottodimensionata in termini di flotta, si è passati infatti da 175 a 115 velivoli, pertanto al momento è un vettore aereo con dimensioni sacrificate che incassa troppo poco e margina ancora meno in rapporto al potenziale turistico che ha la nazione italiana.

Il rilancio e soprattutto il successo nel futuro passano da una nuova mission strategica per l'impresa, abbandonare lentamente i voli domestici per espandersi invece su quelli internazionali, che contribuirebbero ad aumentare il margine di redditività se affiancati ai servizi ancillari a marchio italiano.

In definitiva possiamo dire che l'attuale Alitalia non sta presidiando le tratte internazionali più ricche (per una compagnia aerea) e per iniziare a fare questo non basta un nuovo management poco politicizzato e maestranze desindacalizzate, ma ci vogliono anche gli asset aziendali idonei ossia nuovi aerei adeguati (che non sono disponibili in misura rilevante nella flotta attuale) i quali permettano i voli di linea verso quei paesi e quelle destinazioni che consentirebbero di intercettare flussi di viaggiatori e turisti desiderosi di visitare l'Italia senza fare scali intermedi a Parigi, Londra, Madrid o Francoforte. Questo tipo di missione scaturisce più da una visione e volontà istituzionale che dovrebbe avere un governo piuttosto che dal desiderio di profitto di un gruppo misto di investitori privati.

PROPRIO COME LO SHERIFFO
pubblicato il 09.11.2017

Se seguite il mercato immobiliare residenziale italiano

e la sua evoluzione e siete cultori di questo settore economico avrete notato come durante i precedenti trimestri la propaganda mediatica degli operatori del settore immobiliare appaia ridondante e fuorviante. Sostanzialmente leggendo le stime di qualche osservatorio immobiliare italiano qualcuno potrebbe pensare che il mercato nostrano sia il prossimo Klondike in cui buttarsi a capofitto.

Mi è stato richiesto di spiegare perchè spesso faccio questa citazione (anche dal vivo) e che molti non ne comprendono il senso. Per comprendere l'analogia: il Klondike è un affluente canadese del fiume Yukon in Alaska. Alla fine del diciannovesimo secolo venne scoperto un immenso giacimento di oro alluvionale sul letto del fiume che dette inizio ad una corsa frenetica convogliando migliaia di ricercatori di pepite d'oro da tutti gli stati della costa pacifica in Nord America. Qualcuno forse ricorda persino il personaggio della Disney, Zio Paperone, che durante le sue avventure, rammenta in continuazione ai suoi nipoti come i primi miliardi della sua ricchezza provenivano proprio dall'oro trovato nelle acque del Klondike. Da qui l'espressione per analogia che un mercato sia un nuovo Klondike ovvero un settore economico in cui con facilità è possibile raccogliere elevati proventi senza tanto rischio. Ritornando a noi: stando alle rilevazioni sul secondo trimestre dell'Osservatorio Immobiliare dell'Agenzia delle Entrate, il mercato immobiliare residenziale italiano appare in crescita di oltre otto punti percentuali (8.6% per la precisione) rispetto al consuntivo del 2016.

Attenzione a non fare confusione. Risultano in aumento le compravendite complessive e non il prezzo al metro quadrato. Si parla dal punto di vista tecnico di NTN (Numero di Transazioni Normalizzate) in aumento sulla precedente rilevazione, nello specifico, tra aprile e giugno di quest'anno sono state scambiate 145.529 unità immobiliari, oltre 5.000 abitazioni in più rispetto all'omologo trimestre dello scorso anno.

La tendenza pertanto dimostra il proseguo della fase di recovery dell'intero settore dopo i minimi raggiunti tra il 2012 ed il 2013. Sul fronte prezzi al metro quadrato purtroppo non si riesce a semplificare il tutto riconducendo questa esposizione ad una semplice percentuale. Partiamo dicendo che il prezzo del residenziale si attesta sostanzialmente a valori stazionari e stabili con quelli del 2016, tranne modeste variazioni in alcune grandi città italiane ed in forza dello status di nuova abitazione.

Al momento attuale Nomisma si attende per il consuntivo del 2017 una crescita al metro quadrato che potrebbe attestarsi tra il 5 ed il 6% ovviamente come media nazionale, senza particolari distinguo, che invece come vedremo sono doverosi. Tanto per cominciare anche tra le grandi citta italiane il quadro non è lineare ed uniforme, dipende dalla macroarea: Milano e Genova si smarcano molto meglio di Torino e Bologna che invece perdono di abbrivio. Al sud la città più dinamica appare Napoli a cui si contrappone una Palermo decisamente fiacca.

Fanno la differenza su queste dinamiche evolutive non tanto la tipologia abitativa, ma la dimensione ossia la superfice specifica: più ci avviciniamo ai tradizionali 50 metri quadrati di un miniappartamento più aumenta il driver di crescita delle relative NTN e viceversa quando abbiamo metrature vicine ai 100 metri quadrati.

Nel complesso il mercato residenziale italiano appare più che stabile quasi congelato, questo in conseguenza di un'approccio cautelativo in merito alla congiuntura socioeconomica italiana della popolazione. L'emergere

di nuove forme di acquisizione differita della proprietà come il rent to buy stanno lentamente modificando la genetica del mercato.
A questo si deve aggiungere anche il lento svuotamento dei centri storici che paradossalmente rischiano di trasformarsi nelle nuove prossime periferie. Cade definitivamente il mito dell'acquisto per investimento, questo sia per la messa a reddito (necessità di income) e sia per il mantenimento del potere di acquisto (growth). Le ragioni principali sono riconducibili a due grandi tematiche che hanno caretterizzato il mercato immobiliare in questi ultimi cinque anni: la constatazione di come il mattone sia diventato un bancomat all'uopo per chi governa e la disarmante incapacità di proteggere la proprietà nei confronti di inquilini morosi o peggio da qualche occupazione abusiva. Quest'ultima in particolar modo è la più percepita come discriminante. Che senso ha investire in un immobile se poi non esistono strumenti giuridici efficaci ed efficienti per tutelare il proprietario.
Ricordo che, quando nel 2009 visitai il mercato immobiliare statunitense di Miami in piena crisi per le conseguenze dei mutui subprime, chiesi ad un agente immobiliare che tipo di tutela avrebbe avuto un foreign investor qualora avesse acquistato una hot property per metterla a reddito.
La sua risposta fu disarmante: lo sheriffo. Hai qualcuno che sta occupando abusivamente casa tua o una tua proprietà ? Chiami lo sheriffo che te lo libera in 48 ore e porta l'intruso in una cella a vedere il sole a scacchi. Qualcosa di similare avviene anche in caso di sfratto (eviction notice), ma in questo caso si deve aspettare sino a trenta giorni.
Negli USA il sistema di credit score personale è un disincentivo naturale a non pagare con puntualità in

quanto questo compromette i tuoi successivi acquisti o richieste di finanziamento per i successivi sette anni. Pertanto prima di non pagare un inquilino si inventa di tutto, non per paura di perdere la casa ma per paura di vedersi perggiorare il credit score.

Questo è possibile perchè negli States la proprietà privata è sacra ed il proprietario è super protetto. Propro come in Italia del resto. Pensare che basterebbe poco per cambiare lo scenario giuridico attuale e dare maggiori garanzie e tutele ai proprietari italiani.

Siamo reduci ormai da quasi un anno di stallo politico dopo il rigetto della riforma costituzionale voluta da Renzi. Soffermatevi a pensare quali tematiche politiche hanno occupato la scena mediatica: immigrazione, ius soli, difesa della persona con armi dichiarate, disagio e fastidio per i campi rom oltre alle forme di interazione con la società italiana della nuova microcrimnalità clandestina.

Dal punto di vista sociale ci stiamo americanizzando o peggio in alcuni casi anche messicanizzando. Quanto tempo ci vorrà ancora affinchè anche la protezione della persona e della proprietà assomiglino a quelle statunitensi.

MISCELLANEA

*Se continuiamo a vivere di soli diritti,
di diritti moriremo*

Sergio Marchionne

MERLO FOREX
pubblicato il 13.10.2014

L'accentuarsi della crisi economica e finanziaria sta amplificando un fenomeno che negli anni precedenti si era smorzato o se non altro mitigato e anche ostracizzato da una certa parte della stampa di settore. Mi sto riferendo al mercato dei servizi ed opportunità pubblicizzati per il mondo del merlo forex.
Chi opera nei mercati finanziari come operatore istituzionale o qualificato sa bene che esiste una legge tacita, non scritta da nessuna parte, che recita: è

immorale permettere ad un merlo di tenersi il proprio denaro. In sintesi significa che non si deve mai consentire a persone poco lungimiranti e avide di preservare il proprio denaro ed i propri investimenti. Ne ricevo in continuazione, e francamente mi sto anche stancando, email di lettori saltuari che mi chiedono informazioni, impressioni o giudizi su questo o quel sito registrato in qualche giurisdizione esotica che offre e propone servizi di forex, option trading, spread trading o simili, in quanto loro hanno intenzione di investire consistenti importi di denaro perchè hanno capito che in questo modo si potranno arricchire velocemente, senza fatica e soprattutto senza rischiare molto. Il top nella classifica sono quelli che mi scrivono evidenziando come nel mercato delle opzioni si guadagna il 99% delle volte.

Verissimo, peccato che nel rimanente 1% dei casi solitamente si perde tutto: casa, matrimonio, denaro e salute. In genere tali richieste non arrivano da lettori consuetudinari, ma solo da chi sta cercando in rete il conforto di qualcuno che è presente da anni sui mercati e potrebbe avallare le loro fantomatiche aspettative di guadagno senza far fatica e senza rischiare nulla. Un ex collega potrebbe scrivere la sceneggiattura di un bellissimo thriller finanziario su questo, infatti oggi grazie alle opzioni ha perso quasi tutto, salute compresa. La stupidità di queste persone ormai ha raggiunto livelli che farebbero invidia ad un cast di selezione di un reality show americano.

Qualcuno scrive da convinto fervente di aver visto la pubblicità ed il banner di qualche trading company che mostra un lavoratore interinale nel tempo libero fare windsurf, un hobby sportivo che si può permettere grazie ai munifici guadagni che gli genera la sua attività di trading online sul forex, sui cfd, sulle opzioni e sugli spread. Solitamente quei banner sono accompaganti da un minuscolo asterisco riportante un micro testo di ammonimento (disclosure). Soffermatevi la prossima volta a leggerlo per intero e dopo ne riparliamo.

Penso che il prossimo libro che scriverò sarà incentrato proprio su questo argomento ovvero raccontare come le persone prive di preparazione perdano sistematicamente denaro o peggio letteralmente lo regalano a proponenti di servizi finanziari che operano in mercati non regolamentati. Quello che va di moda adesso in rete è il filone delle rendite passive: sostanzialmente guadagnare denaro senza far niente perchè a lavorare c'è qualcuno che lo fa al posto tuo tipo network marketing o programmi di investimento ad alto rendimento. I promotori di queste scam (frodi a tutti gli effetti) li chiamano HYIP acronimo che significa high yield investment program e non avete idea di quanti allocchi ci cascano ogni settimana. Solitamente vi raccontano che il loro trading desk è in contatto con la tal famosa investment bank e pertanto può sapere in anticipo quando un big player effettuerà degli acquisti voluminosi sul mercato che impatteranno sulle quotazioni di un determinato titolo (si parla in tal caso di front running). Grazie al promotore dello scam è possibile aprire un conto nella loro società per partecipare a tale operazione, dichiaratamente farlocca ed inesistente. Se credete alle favole, mi raccomando partecipate. Per vostra informazione, l'unica rendita quasi passiva è la conduzione della terra ammesso che piova con regolarità e gli prestiate le opportune cure per evitare l'aggressione di parassiti alle colture.

L'altra grande favole che gira in rete è che tutti possono diventare trader in cinque minuti e vivere di rendita alle spalle degli altri. Primo per diventare trader professionisti ci vogliono anni di studio dei mercati, una preparazione tecnica degna di un neurochirurgo, una certa indole alla gestione del rischio ordinario e sistemico. Oltre a quanto sopra serve anche una capiente dotazione di capitali, a mio parere almeno 150.000 euro per operare sulle blue chips senza effetto leva. Per i derivati, commodity & company la cifra può anche raddoppiare.

Tuttavia qualcuno vi dirà che non serve molto denaro in quanto grazie al mostruoso effetto leva permesso da queste farlocche società di trading è sufficiente un capitale modesto di qualche migliaia di euro. Ripeto mai permettere ad un merlo di ternersi il proprio denaro.

Il trader è un mestiere che per certi aspetti è molto simile a quello del sopra citato neurochirurgo, richiede profonda e continua formazione, capacità di controllo fuori dal comune ed una certa indole naturale. Per questo non tutti possono fare i trader come non tutti possono fare il chirurgo. Purtroppo esisteranno sempre persone che crederanno ad una brochure gratuita offerta da qualche pagina civetta che promette guadagni facili e senza fatica. Lasciamoli illudere, i merli nei mercati finanziari non infastidiscono nessuno. Anzi.

QUELLO SPORCO BRILLOCCO
pubblicato il 16.06.2016

Nelle mie svariate relazioni sentimentali naufragate nell'oblio durante la mia esistenza in forza di una conclamata incompatibilità di carattere e di stile di vita, ve ne sono state un paio che sono andate in default, previo warning e successivo downgrade, a causa di un diamante. Anzi non un diamante, ma il diamante ossia quello che il promesso sposo dovrebbe regalare alla futura moglie in qualità di pegno d'amore per l'eternità. Almeno così dovrebbe essere o lo era un tempo non tanto remoto in cui il numero di matrimoni che andava in default era rappresentato da una percentuale tutto sommato irrisoria e fisiologica. Lo ricordo ancora per chi fosse maschio e ha deciso di sposarsi nel prossimo breve termine, il 70% dei nuovi matrimoni va in default entro il secondo anno. Ma torniamo a noi: dalle mie parti si dice "ti gà da comprarghe el brillocco, se te voi continuar de ndar vanti" che tradotto dal dialetto veneto significa "devi acquistarle l'anello con il diamante se vuoi che la storia continui". Come ne ho fatto prima menzione, in due occasioni del passato le mie relazioni sentimentali non sono andate in take profit a seguito del mio rifiuto ad acquistare il fatidico brillocco. Sia chiaro che la vertenza in questione non era correlata alla spesa in sé (che a seconda delle dimensioni e fattezze del brillocco può arrivare anche a diverse migliaia di euro) quanto piuttosto da che cosa questo acquisto in realtà celava dietro la sua farlocca apparenza materiale spesso nella totale ignoranza proprio del pubblico femminile.

Ho provato a spiegarlo con eleganza e diplomazia britannica anche ad una delle due future suocere (leggasi clone replicante di Crudelia De Mon) ma avrei avuto più soddisfazione a spiegare i principi cardine della teoria della relatività ad una svampita soubrette italiana.

Ricordo che all'epoca, una volta prodotto ormai il crash sentimentale, per avviare una conciliazione bonaria proposi, in alternativa al brillocco, un pendente di oro fatto su misura in stile murrina veneziana con un disegno ornamentale che richiamava stilizzati i nomi dei due promessi sposi. Niet. Kaput. Scheizen. Schifo.

Prendere o lasciare: mi compri il brillocco oppure ti cerchi un'altra. Senza esitazione, scelsi di cercare un'altra. Qualche anno dopo la scena si ripetè con un'altra pretendente al trono, tuttavia senza briefing interlocutorio con la seconda suocera potenziale (che in questo caso ricordava più Miss Doubtfire). Le mie amiche hanno ricevuto tutte il brillocco dal loro fidanzato, perchè tu non me lo vuoi comperare ?

E ora fatemi passare ad una narrazione a sfondo economicamente più rilevante per spiegare il mio diniego e rifiuto nei confronti di questo pezzo di carbonio insignificante.

Il mercato dei diamanti è un mercato in senso improprio del termine in quanto l'offerta è gestita da un duopolio privato: il Gruppo De Beers ed il Gruppo Leviev. Considerarlo come un investimento, a mio modo di vedere, è forse troppo azzardato, in quanto non esiste un mercato ufficiale di riferimento ed il prezzo è determinato da caratte-ristiche soppesate di sovente da opinioni tecniche personali.

Il valore di un diamante dipende dalle famose 4C ossia colour, clarity, cut and carat. Rispettivamente: colore, purezza, taglio e peso espresso in carati. Nella fattispecie la caratura ovvero il peso è determinante in fase di acquisto/rivendita per poter incontrare maggiori opportunità: la dimensione ideale è il mezzo carato (circa 1/10 di grammo) con un costo approssimativo attorno ai 3.500 euro.

Al di là del contestato pegno d'amore, i vantaggi di possedere un diamante possono essere riassunti nei seguenti: circolazione del bene al portatore con conseguente anonimato dell'investitore, investimento presumibilmente stabile nel lungo termine ed infine esenzione fiscale delle eventuali plusvalenze realizzate nella rivendita. Gli svantaggi possono essere invece così riepilogati: mancanza di un prezzo ufficiale di mercato di riferimento come già sopra menzionato, instabilità politica dei paesi in cui si estraggono diamanti con possibili ripercussioni negative sul prezzo degli stessi nel breve periodo, quotazione delle carature spesso ancorate al dollaro statunitense in alcune aree di taglio ed infine smobilizzo dell'investimento in alcuni casi con tempi eccessivamente sostenuti.

Ovviamente non è per queste motivazioni che mi sono sempre rifiutato di acquistare un brillocco, quanto piuttosto per quello che non si vede mai dietro ad una di queste pietre per la maggior parte delle casistiche di riferimento ossia il fiume di sangue e di sofferenza che alimenta il commercio di questi pezzi di carbonio. Hollywood ci ha girato un film sull'argomento proprio dieci anni fa: Blood Diamonds con uno straordinario Leonardo Di Caprio, mettendo in evidenza quanto sporca può essere questa pietra e che cosa produce un insulso rituale di stampo femminista.

Che senso ha suggellare solennemente il legame tra due persone utilizzando una grottesco pezzo di carbonio luccicante il cui viaggio per arrivare al dito della propria amata è caratterizzato da un fiume di sangue, spesso di sfortunati bambini poveri ed orfani, senza dimenticare anche il sostegno finanziario che l'acquisto di quel diamante ha concesso indirettamente alle peggiori dittature militari di qualche stato africano.

Ma la ridicola usanza occidentale a cui un maschio deve sottostare pretende che il fidanzamento sia ostentato con questa pietra di fatto rossa, che non emana luce, ma karmicamente sofferenza, malessere e ingiustizia.

Ve ne racconto un'altra. Qualche tempo addietro un imprenditore orafo con qualche dozzina di negozi compro oro sparsi per il triveneto durante una cena mi ha rivelato una prassi sempre più diffusa che accade nei

suoi punti vendita ossia quella di svendere il brillocco in caso di separazione o divorzio. Vale a dire che la ex moglie per fare un torto all'ex marito si precipita di getto in un compro oro e svende il brillocco per un tozzo di pane, metaforicamente parlando.
Dopo, tutta contenta chiama l'ex marito e gli racconta che con il ricavato dell'anello di fidanza-mento, da lui strapagato qualche anno prima, si è comperata l'ultimo modello di i-Phone o si è pagata una vacanza in qualche paradiso esotico alla ricerca dell'uomo della sua vita. Quello che non sanno tuttavia la maggior parte dei maschi che comperano il brillocco è che spesso l'anello acquistato dal compro oro a sua volta viene spesso riacquistato successivamente da qualche gioielliere, viene smontato, ripulito, conificato (per levare la eventuale dedica), lucidato e rimesso in vendita come nuovo: sia il singolo diamante che la singola montatura oppure meglio entrambi!
Pertanto può capitare (sempre più spesso) che si possa pensare di comperare una pietra unica nel suo genere, quando magari è stata già portata da un'altra persona qualche mese o anno prima, la quale lo ha venduto giudaicamente per quattro denari in preda ad un attacco di rivalsa o per vendetta personale.
L'unica cosa che è eterna con i diamanti è il giro d'affari che ci sta dietro fintanto che ci sono molti tonti di sesso maschile che continuano ad alimentare l'acquisto di questo sporco pegno d'amore.
Per la cronaca, le mie due ex aspiranti coniugi a distanza di anni dai fatti sopraesposti si sono ovviamente sposate con altri partner: il matrimonio della prima è durato appena diciotto mesi, la seconda si è invece separata ad inizio anno, ognuna comunque aveva ottenuto quello che aveva preteso da me a suo tempo ossia il brillocco farlocco. Attenzione che se

dovete acquistare un anello di fidanzamento nei prossimi mesi, non mi stupirei che vi imbattiate proprio in quello di queste due sgallettate.

EVOLUZIONE UMANA
pubblicato il 12.01.2017

Il primo scritto da neofita che ho prodotto, senza sapere che nel tempo la scrittura sarebbe diventata una delle mie principali attività professionali, risale al 1990 quando durante la terza superiore produssi una dissertazione per il corso di Biologia e Scienze Naturali per il liceo scientifico che allora frequentavo dal titolo "Lucy, l'importanza della scoperta". Custodisco ancora gelosamente due copie originali di questa primo dattiloscritto.
Già perchè allora i personal computer come li conosciamo oggi non esistevano e nemmeno gli strumenti on demand per effettuare le ricerche. Ricordo che impiegai diversi mesi per la sua elaborazione e stesura mediante un elaboratore di testi in ambiente MS-DOS e la fase di stampa realizzata con una Commodore MPS 1230 (stampante ad aghi).
Fui l'unico della mia classe a presentare il lavoro di approfondimento e ricerca scientifica al docente che ci diede l'incarico mediante uno scritto articolato e soprattutto stampato quasi professionalmente. Tutti gli altri compagni di classe lo presentarono scritto a mano sul classico foglio protocollo. Io andai oltre le specifiche di ricerca che ci vennero date e decisi di predisporre il tutto quasi come fosse una tesina di maturità odierna.
Il lavoro tuttavia non fu molto apprezzato, forse perchè la forma prettamente editoriale di quanto prodotto (impaginazione, grafica in tonalità di grigio, testo

giustificato, indice analitico e cosi via) metteva quasi in ridicolo quanto preparato dagli altri compagni di classe, quasi come se il tutto fosse stato elaborato da un grafico professionista invece che da un adolescente.
Il lavoro di ricerca che affrontai era incentrato su uno degli argomenti che all'epoca più mi affascinava ossia il percorso evolutivo della razza umana. L'intera opera se cosi si può chiamare era incentrata sull'importanza attribuita alla scoperta in Etiopia nel 1974 dei primi resti fossili di una femmina di Australopiteco Afarensis soprannominata Lucy dai ricercatori, perchè al momento del suo ritrovamento alla radio stavano dando una canzone dei Beatles denominata Lucy in the sky with diamonds.
Le ricerche universitarie o scolastiche di quel tempo erano molto diverse da quelle odierne: bisognava andare in biblioteca, consultare gli archivi per temi ed argomenti, richiedere il prestito dei libri, leggerli, rielaborarne il contenuto e cosi via. Quello che ci si impiegava tre mesi ad ottenere solo come fonti di ricerca oggi si può averlo in una giornata davanti ad un motore di ricerca online. L'essenza dello scritto di allora, basata sulle principali teorie evoluzionistiche di fine anni ottanta, sostanzialmente enunciava come il percorso evolutivo dell'Homo Sapiens Sapiens avesse una direzionalità lineare ossia partendo dal più lontano predecessore stimato, il Ramapiteco (un primate vissuto tra i 12 e gli 8 milioni di anni fa) si fosse arrivati per successione lineare all'Homo Sapiens di 200.000 anni fa.
Nello specifico dopo il Ramapiteco ci sarebbero state diverse famiglie di Australopitecine (scimmie dell'emisfero australe) dalla quale sarebbe emersa per capacità e dimensione della calotta cranica l'Australopiteco Afarensis, a cui sarebbe succeduto

l'Homo Habilis, dopo l'Homo Erectus (detto anche Homo Ergaster), l'Homo di Neanderthal e di Cro-Magnon ed infine il primo Homo Sapiens. In estrema sintesi quindi una successione lineare di tutta la discendenza genetica.

Quasi come se ci fosse stato un passaggio evolutivo sequenziale con ogni salto genetico. Ripeto questo è quanto si credeva sino alla fine degli anni ottanta, in pieno assenso con il pensiero dominante ereditato dagli studi ed elaborati di Charles Darwin all'interno dell'opera che lo ha reso celebre "L'origine della specie".

Le teorie evolutive e relative ipotesi basate sul lavoro di Darwin oggi sono considerate superate ed addirittura in taluni casi anche aberranti. Lo studio del genoma umano e ulteriori nuove scoperte durante l'ultimo decennio hanno portato alla luce nuovi reperti fossili attribuibili ad altri potenziali pretendenti al titolo di "homo primitivo" come l'Homo Naledi nel 2013 ritrovato in un sistema di caverne in Sudafrica. Proprio il ritrovamento del Naledi infatti consente di avallare una serie di considerazioni evolutive che metterebbero definitivamente in discussione la stessa Lucy come nostra antenata più diretta.

Ad esempio, mentre le australopitecine avevano caratteristiche fisiche che consentivano tanto l'arrampicarsi sugli alberi quanto la capacità di camminare, l'Homo Naledi (che in un idioma sudafricano significa uomo stella o uomo delle stelle) aveva sembianze già più smarcate ed ibride: busto e spalle tipiche degli ominidi più primitivi, mentre gli arti inferiori erano decisamente più simili a quelli umani cosi come li conosciamo oggi, lunghi e sottili con muscolatura robusta ideali per un'andatura bipede.

Quello che colpì profondamente i paleontrapologi che

si imbatterono per la prima volta in numerosi scheletri di quello che oggi si chiama l'Homo Naledi è rappresentato dalla sua predilizione (si ipotizza) per il trattamento rituale dei cadaveri degli altri suoi simili.
In buona sostanza, questa caratteristica tipica ad esempio dell'Homo di Neanderthal, dimostrerebbe un lato inaspettatamente umano per un nuovo antenato su cui ancora oggi verte il dibattito delle comunità di ricerca internazionali sulla effettiva linea evolutiva dell'Homo Sapiens Sapiens.
Quello su cui invece si è ormai certi è rappresentato invece dalla perdita del titolo di culla dell'umanità che per decenni si è assegnato proprio all'Africa. L'Homo Naledi ci porta a convenire che il nostro albero genealogico ha uno sviluppo multiforme molto simile per analogia a quello del delta di un grande fiume come il Mekong o il Gange. Partendo da una sorgente comune ossia un lontano antenato uguale per tutti (forse proprio l'Australopiteco Afarensis), lentamente nel tempo si sono sviluppate, anche in parallelo, numerose diramazioni, alcune delle quali muoiono senza lasciare traccia, altre invece proseguono sino ad arrivare ad intrecciarsi tra di loro producendo mescolanza genetica.
Quasi tutte queste diramazioni alla fine arrivano alla foce (l'Homo Sapiens) confluendo assieme al mare in un unico delta. Proprio questo mescolarsi e spostarsi avrebbe prodotto una delle grandi migrazioni umane, prima verso l'Africa orientale e successi-vamente verso l'Asia, da cui poi ci sarebbe mossi ulteriormente verso l'Europa. Quindi in estrema sintesi, l'Homo Sapiens dovrebbe avere avuto un origine da specie distinte, le quali a seguito di numerose migrazioni ed intrecci genetici avrebbero potuto uniformare il proprio apporto genetico, arrivando all'uomo moderno. La

storia dell'evoluzione umana ha ormai caratteristiche enigmatiche degne della prossima serie televisva di Netflix: chissà tra altri venticinque anni quale sarà la tesi dominante e più accreditata.

DEMOGRAFIA PORTAMI VIA
pubblicato il 22.02.2018

Ricordiamolo ancora perchè a forza di farlo inizia ad entrare nella testa dei lettori come la principale minaccia per la nostra specie: ogni cinque giorni la popolazione mondiale aumenta al netto delle morti di un milione di persone.
In questo momento mentre sto scrivendo il clock demografico ha superato abbondantemente la soglia dei 7.5 miliardi di esseri umani. Dall'inizio dell'anno siamo aumentati di quasi 68 milioni di persone, in buona sostanza è come avere una nuova e seconda Gran Bretagna aggiuntasi alle 233 nazioni ed enclave amministrativamente autonome (come Macao e l'Isola di Man) che si spartiscono la terra emersa dagli oceani. In più occasioni ne abbiamo fatto menzione: per studiare e comprendere l'economia, bisogna iniziare studiando ed analizzando la demografia.
Dopo Cina, India e Stati Uniti che sono facilmente ricordabili come i tre paesi più popolati al mondo, scopriamo chi si trova nelle successive posizioni partendo dalla quarta alla decisima posizione: Indonesia, Pakistan, Nigeria, Bangladesh, Russia e Messico. Di queste dieci nazioni, il contributo maggiore in termini quantitativi alla crescita mondiale lo apportano primariamente Pakistan, Bangladesh e Nigeria. Quest'ultima oggi è la nazione che cresce con il maggior vigore in assoluto all'interno di questa

classifica con una progressione di 2.63%. Al secondo posto troviamo il Pakistan con un 1.97% ed il Mexico con un 1.05%. Comprendiamo la valenza di queste percentuali confrontando anche il tasso di fertilità delle donne che per la Nigeria è di 5.7 figli per donna e per il Pakistan è di 3.7 figli per donna.

La Cina che detiene il primato di paese più popolato al mondo (ancora forse per altri dieci anni) cresce demograficamente poco con appena un 0.43% contro un 1.13% dell'India destinata al sorpasso entro il 2025.

Per rendersi conto del ruolo che la Nigeria si sta ritagliando in Africa, visto che produce 1/3 del PIL del continente, è sufficente analizzare quantitativamente la sua composozione demografica di oltre 190 milioni di persone pari al 60% della popolazione europea.

Non sorprende pertanto che i cinque paesi che crescono in assoluto più di tutti sono cinque nazioni africane: il Congo, il Niger, l'Angola, l'Uganda e la Tanzania, tutte sopra il 3% all'anno e tutte con una popolazione superiore ai 20 milioni di individui.

Il Congo in ogni caso ha una popolazione superiore agli 80 milioni di persone, come la Germania. Chi vive in un paese mediterraneo che non ha pianificato una sensata politica di gestione dei flussi di immigrazione forse è il caso che pensi ad andarsene quanto prima: il rischio di tribalizzazione del territorio è ormai stato considerato più che oggettivo.

Un altro dato è meritevole di attenzione: crescono demograficamente quasi tutte le nazioni della terra con diversi driver dinamici, ma sono veramente pochissime quelle che hanno un deficit demografico, vale a dire che rispetto al 2016 hanno assistito ad una contrazione della popolazione.

Rispettivamente troviamo: Giappone con -0.2%, Italia con -0.12%, Ucraina con -0.49%, Polonia con -0.14%,

Romania con -0.5%, Siria con -0.87%, e Portogallo con -0,4%. Mi fermo sino a qui in quanto sotto la soglia dei dieci milioni di persone troviamo più isole che vere e proprie nazioni come ad esempio Bermuda (-0,5%). Significativo invece che tutte e tre le repubbliche baltiche (Estonia, Lituania e Lettonia) unitamente ai paesi slavi dell'area balcanica sono in deficit demografico.

Al di fuori pertanto di queste due dozzine di nazioni, tutte le altre sono cresciute durante il 2017. Per analizzare questi dati ci viene in aiuto anche il net migration rate, il quale ci consente di comprendere anche come si è evoluta la demografia di un determinato paese in relazione ai flussi di emigrazione ed immigrazione.

Ad esempio la Germania vanta una crescita demografica dello 0.24% solo ed esclusivamente perchè può fare affidamento ad un surplus demografico di oltre 355.000 persone (immigrati-emigrati).

Esattamente all'opposto si trova il Bangladesh che cresce al ritmo dell'1% nonostante il deficit demografico di quasi mezzo milione di persone: significa che al netto degli ingressi se ne sono andati da loro paese più di 500.000 bengalesi. La Siria è il paese al mondo che ha il maggior net migration rate con quasi 840.000 siriani che hanno dovuto scappare dalla loro terra per le vicende note da anni. Il Libano proprio per questo si trasfroma nel quinto paese al mondo per l'apporto demografico ricevuto dai flussi di emigrazione siriani, il resto si è riversato in Giordania ed Afghanistan.

In classifica mondiale troviamo gli USA con quasi un milione di persone (900.000) di surplus demografico, seguiti da Germania, Turchia e Arabia Saudita. La tanto decantata Australia con i suoi 24 milioni di abitanti ha un surplus demografico di appena 180.000 persone e nemmeno la Spagna è in deficit negativo sebbene abbia un net migration rate di oltre 115.000 iberici, per lo più ispanici che sono rientrati in America Latina.

Guardando a casa nostra scopriamo con amarezza che l'Italia soffre di un deficit demografico, nonostante i flussi di ingresso supportati dal Servizio Taxi del Mediterraneo ed il deflusso di nostri connazionali che si sono trasferiti altrove. Per spiegarla in termini pratici significa che sono più gli italiani che se ne sono andati di propria sponte rispetto agli africani che sono stati recapitati sulle coste italiane dai natanti delle varie organizzazioni umanitarie.

Infine vediamo dove si fanno meno figli in assoluto: in cinque zone dell'Asia ben precise, Taiwan, Hong Kong, Macao, Singapore e Korea del Sud con 1.1/1.2 figli per donna. Appena dopo questo primo blocco ben definito troviamo dieci paesi, nove dei quali sono europei, tutti accomunati da una bassissima natalità tra 1.3/1.4 figli per donna.

Una volta tolto il Giappone troviamo quasi tutta l'Europa Mediterranea e Caucasica. L'area del pianeta in cui il tasso di natalità è tra i più elevati al mondo rimane ancora l'Africa Subsahariana con una media di 5.5/6.5 figli per donna. Ora capite perchè si parla di rischio di tribalizzazione per alune nazioni europee.

UOMINI E DONNE
pubblicato il 29.03.2018

Se vivete in Spagna come italiani vi capiterà molto spesso di scontrarvi con donne e ragazze spagnole della vostra età o addirittura più giovani che vi accuseranno in senso trasversale di essere maschilisti. Questo solo perchè siete italiani. Come già scritto in precedenza, in terra iberica gli italiani hanno la nomea di essere maschilisti. Per default, senza se e distinguo. Se parlate invece in Italia con una donna o una ragazza dichiaratamente femminista, le argomentazioni che queste generalmente apportano durante una discussione sul mondo del lavoro per ostentare differenze tra uomini e donne sono patetiche ed in taluni casi addirittura ridicole.

Non vi è di che stupirsi, gli spagnoli hanno avuto quel disperato di Zapatero che ha distrutto (socialmente ed economicamente) uno dei paesi più belli al mondo, dal canto nostro noi italiani abbiamo avuto per quasi cinque anni forse di peggio.

Sto parlando di Laura Boldrini, di cui, grazie a Dio, ci libereremo definitivamente tra qualche mese. Non senza portaci appresso la sua eredità ed il suo imprinting politico. Non mi dilungo ad elencare per quale motivo questa donna ha danneggiato proprio le donne e l'immagine della donna italiana: andate su qualsiasi socials e lo capirete da soli.

Tra i molti commenti ridondanti che si ripetono quasi ciclicamente ovunque troviamo: il peggiore Presidente della Camera di sempre. Anche a livello mediatico molti autorevoli commentatori politici hanno difficoltà a prendere le distanze da questa opinione: pensiamo solo a quali tematiche questa signora ha dedicato spocchiosamente la sua attenzione, pretendendo che gli altri la assecondassero.

Per quanto con forzature innaturali e leggi discriminatorie si vogliano imporre le pari opportunità tra uomini e donne anche in Italia, alla fine vi è una legge naturale che farà stato fra le parti, facendo decadere tutto questo impianto ideologico dichiaratamente aberrante. Sto parlando della legge di mercato. Il mercato ha sempre ragione, ti insegnano sin dagli inizi se operi sui mercati finanziari. Proprio il mercato e la sua evoluzione infatti detteranno (ma già lo stanno facendo) la fine a questa follia umana, perpetrata dalle elite mondiali per disinnescare la bomba demografica. Negli ultimi due decenni, la disguaglianza salariale tra uomini e donne si è sempre più affiovolita, tanto che in alcuni settori economici non vi è differenza alcuna in termini salariali, ovviamente questo vale per le sole economie avanzate occidentali.

Il Giappone ad esempio fa già caso a se stante. Questo risultato è stato conseguenza diretta ed indiretta di un maggior accesso delle donne agli studi superiori di formazione, alla emancipazione economica conseguente i movimenti di liberazione femminista di inizio anni Settanta ed infine la suddivisione dei compiti all'interno delle mura domestiche.

Insomma basta con la discriminazione incentrata su differenze intellettuali e biologiche che relegano la donna ad un ruolo subalterno, producendo in tal senso le conseguenti differenze sociali. A tutto questo ha fatto (naturalmente) seguito la caduta della natalità in tutti i paesi che sono stati caratterizzati da questa trasformazione sociale.

Guardando le conquiste della società moderna (se così possiamo definirle) raggiunte dal mondo femminista verrebbe da dire che il futuro sarà ancor di più donna su tutti i fronti.

Molto presto anche le più patetiche femministe dovranno alzare la bandiera bianca ed arrendersi all'evidenza. Quella del mercato. L'attuale trasformazione che stanno vivendo tutti i settori economici del pianeta in conseguenza delle nuove tecnologie legate al WEB 3.0 riporteranno presto la lancetta indietro di svariati decenni, facendo emergere una differenza abissale tra i due sessi, almeno in ambito salariale ed occupazionale.

Citiamo solo cinque grandi cambiamenti tecnologici che stanno cambiando le nostre vite ed i nostri lavori: intelligenza artificiale (AI), realtà aumentata (AR), conversation platform, blockchain technology ed infine l'internet delle cose (IOT). In passato infatti abbiamo già avuto modo di assistere a qualcosa di simile: la seconda rivoluzione industriale (l'era dei personal computer) ha prodotto uno shock occupazionale decisamente maggiore proprio al sesso femminile che a quello maschile.

La maggioranza della manodopera sostituita dalle prime macchine che in origine era occupata in attività routinarie manuali (pensiamo alla stenografia) è stata proprio di sesso femminile. Lo sviluppo tecnologico nei decenni successivi ha permesso tuttavia un recupero di competitività ed opportunità: gli elettrodomestici in casa hanno infatti aumentato il tempo disponibile alle donne permettendo loro di studiare, formarsi ed apprendere know how professionale o imprenditoriale. Tuttavia il progresso tecnologico sembra ritorcersi contro di loro nuovamente. Il futuro in tal senso appare oscuro e di tono poco incoraggiante.

In primo luogo l'attitudine al cambiamento tecnologico è differente tra i due sessi, quanto sta accadendo pare infatti danneggiare proprio la donna. Secondariamente vi è ancora una forte tipizzazione nei percorsi di formazione accademica con evidenti conseguenze sulle future opportunità occupazionali (pensiamo a quante ragazze studiano statisca o ingegneria informatica). Infine il nuovo modello economico di sviluppo delle interazioni e collaborazioni lavorative non appare decisamente favorire il mondo femminile.

Vediamoli nel dettaglio uno ad uno. Scientificamente è

stato dimostrato in più contesti sociali che vi sono ostanziali differenze di attitudine nell'assimilare gli apporti di un nuovo sviluppo tecnologico tra uomo e donna. Andate a visitare una software house e comprenderete da soli la risposta.

L'innovazione tecnologica in atto ha elevato in misura esponenziale la domanda di lavoratori qualificati con abilità all'interno delle STEM (science, technology, engineering and maths): i percorsi di formazione, sia professionali che accademici, in tali ambiti di studio vedono una presenza preponderante e schiacciante dell'uomo sulla donna.

L'attuale trasformazione tecnologica produrrà senza dubbio un ampiamento delle opportunità ed offerte di lavoro, in teoria di possibile accesso anche per il mondo femminile, ovviamente se in presenza di competenze tecnologiche adeguate.

Tuttavia allo stesso tempo si possono rilevare minacce sul fronte occupazionale non convenzionali: la maggior parte delle offerte di lavoro in futuro rappresentaranno collaborazioni a tempo determinato con accordi salariali precari e deboli, che per ovvie constatazioni impongono alla donna maggiori sacrifici al suo stile di vita impedendole di pianificare in tal senso una eventuale maternità.

VIVIAMO IN OCLOCRAZIA
pubblicato il 06.09.2018

Sin dai primi anni di formazione scolastica, almeno nelle economie occidentali, ti insegnano che la miglior forma di governo è la democrazia. Quest'ultima è anche la piu giusta ed etica, ammesso che un adolescente abbia coscienza di tali vocaboli. Sino al quinto anno di formazione scolastica superiore è un mantra quotidiano: siamo in democrazia, viviamo in democrazia, ci governa la democrazia.

Ovviamente se ci si limita a tale fazioso apprendimento, si passerà il resto della propria vita facendo tesoro di tali assunti retrogradi senza la minima e lecita vacillazione. Potere al popolo questa è la ricetta sensata per governare una nazione, vade retro invece aristocrazie e monarchie dei passati secoli.

Secondo Aristotele, la miglior forma di governo in assoluto è rappresentata dalla politeia che non è facile nè da spiegare nè da tradurre in quanto trattasi di un concetto proveniente dal greco antico. Possiamo tuttavia per semplicità espositiva considerare che la nozione aristotelica di politeia identifica una forma di governo attribuita alla classe media in forza di un qualche inquadramento costitutivo.

In politeia solo le persone che partecipano alla vita pubblica della polis possono essere le uniche titolate a governarla. Tale forma di governo è di fatto la migliore, secondo Aristotele, in quanto permette di conseguire stabilità ed il buon governo grazie proprio alle qualità del ceto medio benestante: quindi in definitiva poche persone, preparate e competenti, controllano e governano lo stato nell'interesse di tutti.

Sempre lo stesso Aristotele ci mette in guardia sulla degenerazione dei costumi umani che possono portare a svilire e compromettere tali forme di governo: per questo esiste il rischio infatti di trasformare la monarchia in tirannia, l'aristocrazia in oligarchia ed infine la politeia in democrazia. Avete letto bene, aristotelicamente parlando, la democrazia è considerata una forma di governo degenerata. Secondo Aristotele la democrazia (potere al popolo) rappresenta il governo dei poveri sui ricchi, una forma di governo che può portare alla rovina ed al fallimento dello Stato in quanto il popolo è costituito per la maggior parte di persone poco abbienti e poco preparate, spesso con spirito di rivalsa nei confronti delle classi piu agiate e colte.

Per tale ragione la democrazia viene identificata anche successivamente alle opere di Aristotele con il termine di oclocrazia ossia il potere alle masse. Qualora un popolo si dimostri irragionevole e poco virtuoso, la democrazia rappresenterà la miglior forma di governo per produrre abbastanza velocemente il dissesto e la rovina dello Stato.

Anche altri filosofi dell'epoca moderna hanno sovente considerato in forma negativa la democrazia: citiamo Kant con la sua celebre definizione di democrazia come tirannia della maggioranza. Pertanto sarebbe opportuno rendersi conto che la tanto sbandierata bellezza della democrazia in realtà rappresenta una menzogna da cui ci si dovrebbe prontamente liberare.

Paesi fortemente tecnocratici come ad esempio la Cina si guardano bene dall'imitare tale forma di governo in forza proprio dello scetticismo della loro stessa popolazione: quando si profilano scelte fondamentali (altrimenti dette impopolari) le democrazie odierne europee si trasformano quasi tutte in oclocrazie.

Sul piano pratico questo significa quasi sempre prendere decisioni a breve termine evitando tutto quello che può essere dannoso e doloroso per il conseguimento del consenso elettorale. In Italia ormai siamo governati dalla oclocrazia da diversi decenni: aumento del debito pubblico per sostenere le prestazioni sociali, riforma delle pensioni in stile toccata e fuga, assistenzialismo sfrenato indistinto per tutti e per tutto. Tutto questo rappresenta un tipico segnale di degenerazione oclocrata.

Tale forma di governo conduce purtroppo al precipizio visto che l'oclocrazia è incapace di riforme sostanziali. Sono generalmente le nazioni in cui la percentuale dell'elettorato anziano è in costante crescita quelle piu a rischio di deriva oclocrate in quanto la preferenza per l'immediato aumenta con l'avanzare dell'età.

Che tipo di interesse può infatti avere oggi un sentantanne in merito all'insostenibilità del debito pubblico italiano o per l'evoluzione delle dinamiche demografiche italiane le quali sono vitali per preservare le attuali rendite pensionistiche.

La voluta non-gestione dell'immigrazione rappresenta un ulteriore esempio di deriva oclocratica. Mettere mani alle pensioni ed alla spesa pubblica per rendere tali poste contabili sostenibili in paesi che sono in costante deficit demografico produce degli effetti devastanti sull'elettorato.

Un esempio lo abbiamo visto con la Riforma Fornero in Italia (tralasciando la casistica degli esodati): le pensioni non si toccano, la spesa sociale non è in discussione, la revisione dei LEA (livelli essenziali di assistenza medica) è un taboo.

L'alternativa pratica ed indolore è rappresentata dall'importazione di africani funzionalmente analfabeti. Almeno questo rappresenta l'idea di massima per l'attuale establishment che deve soluzionare il quadro macroeconomico nel breve termine senza indispettire piu di tanto l'elettorato.

Nel medio e lungo termine infatti gli esiti di tali scelte (follie) politiche sono altamente aleatori anche in termini di oneri sociali complessivi a consuntivo. Molto plausibile che si voglia conseguire anche un secondo risultato di più ampio respiro il quale ci conduca alla costituzione di un nuovo grande stato centrale europeo, una sorta di Stati Uniti d'Europa. Con un nuovo stato totalitario anche l'oclocrazia imperante di questi ultimi decenni sarà velocemente ridimensionata, potendosi sostituire con una efficente tecnocrazia di esperti. Tuttavia senza una certa omogeneità culturale nella popolazione è difficile ottenere un buon funzionamento nel nuovo stato che si vorrà creare. Aiuta molto a comprendere questo passaggio sapere che nel passato tutte le repubbliche democratiche sono scomparse in presenza di elementi di eterogeneità. Proprio Aristotele ricordava: come non si forma uno stato da una massa qualunque di uomini, così nemmeno se ne forma uno in un qualunque momento del tempo.

FAT TAX
pubblicato il 20.09.2018

L'Italia in questo momento storico avrebbe piu bisogno della fat tax che della tanto decantata flat tax proprio con il fine di modificare la fiscalità diffusa e rendere piu sostenibili i costi della spesa sanitaria.
Andiamo per gradi, la fat tax (anche health tax) rappresenta un'imposta che colpisce sia direttamente che indirettamente il contribuente al fine di conseguire un duplice obiettivo: incentivare il perseguimento di un peso forma ideale mediante una tassa che è direttamente proporzionale al livello di obesità personale e disincentivare l'acquisto di cibi e bevande che sono principali responsabili dell'obesità soprattutto infantile attraverso l'applicazione specifica di accise dedicate.
L'obesità ormai può essere considerata al pari di un'epidemia mortale in tutte le economie avanzate, l'unica differenza che la contraddistingue con il virus Ebola è la flemma con cui questa condizione fisica porta

silenziosamente e inesorabilmente alla morte o ad altre patologie mortali. In una nazione in cui l'assistenza sanitaria copre interamente ogni sorta di malattia o patologia, scaricando sui contribuenti i costi di tali assistenza, diventa un must istituzionale intervenire al fine di alleviare la fiscalità diffusa e renderla sostenibile nel tempo. L'obesità costa parecchio, più di quanto si possa immaginare: una persona obesa oltre che essere una problema per se stesso lo è anche per i conti pubblici del momento.

Generalmente una persona obesa può arrivare a costare al sistema sanitario nazionale anche il doppio rispetto ad una persona con un peso forma che rientra nei canoni della normalità.

L'obesità è infatti la principale causa delle malattie odierne: diabete, disturbi cardiovascolari e cancro. Non dimentichiamo inoltre i problemi alle articolazioni, che non portano a morte fisica, ma incidono in misura elevata sui costi dell'assistenza sanitaria connessi all'applicazione di eventuali protesi agli arti inferiori in conseguenza di usura non convenzionale dovuta ad un eccesso di peso a carico delle stesse articolazioni.

L'Italia un tempo era conosciuta come il Bel Paese anche per il suo regime alimentare a cui quasi tutta la popolazione faceva riferimento per la propria dieta alimentare.

Qualcosa deve essere andato storto in poco tempo, infatti oggi i bambini italiani sono fra i più obesi in tutta Europa con un trend che non sembra invertirsi e nè arrestarsi. Chi è obeso durante la fase adolescenziale tende ad esserlo anche in età adulta nel 50% dei casi. Ormai siamo arrivati anche alla mancanza di buon senso: la madre di un figlio obeso nella metà dei casi ritiene il peso forma del proprio bambino assolutamente nella norma. In appena due decenni sono state sconvolte e stigmatizzate tutte le sane abitudini alimentari delle generazioni precedenti.

Consumo smodato e disinibito di zuccheri e bevande gassose, attività fisica ormai limitata dall'alzarsi dal letto per andare a sdraiarsi sul divano, diabolica assuefazione alle nuove tecnologie digitali (leggasi FOMO) e patetici giochi online che condannano ad una vita sedentaria.

Non siamo tanto lontani dalla colonia umana spaziale di megaciccioni che potete vedere nella pellicola di animazione Wall-E a marchio Disney Pixar. Dobbiamo aggiungere al tutto anche il fattore urbanizzazione nella società moderna, vale a dire che sempre più persone vivono (e scelgono di vivere) in grande aree metropolitane immerse nel cemento industriale in assenza di aree e spazi verdi, dove anche la semplice deambulazione appare un'attività sportiva estrema.

L'obesità in Italia è stimata avere un impatto tra i 2 ed i 3 miliardi di euro all'anno, tanto quanto gli organi costituzionali.

Stiamo parlando ovviamente dei costi diretti destinati tra l'altro alla loro continua ascesa in forza di un fenomeno in costante e preoccupante aumento. Dopo abbiamo anche i costi indiretti vale a dire la perdita di efficenza e competività in un mercato del lavoro in cui le persone obese sono presenti in misura significativa: per ovvie ragioni sono meno produttive (più lente, più stanche, più affaticate). In Italia ormai 1/3 della popolazione è considerata in sovrappeso e solo 1/10 in stato di obesità, dato in ogni caso confortante se paragonato agli USA dove oltre il 65% della popolazione è obesa ed il 25% addirittura iperobesa. La tendenza appare ben delineata, se non si interverrà sistematicamente sul piano politico, entro due decenni anche l'Europa si avvicinerà agli standard statunitensi:

ad esempio, Germania e Regno Unito si trovano già in una situazione di allarme sociale per l'obesità.

Forse qualcuno si ricoderà del Governo Monti nel 2011 quando propose la Fat Tax per le bibite zuccherate (qualche centesimo di accisa su ogni bottiglia o lattina). Apriti cielo, si è scatenato l'inferno. Toccate tutto, ma non la CocaCola & Company. La pressione delle lobby alimentari del junk food ha funzionato e tuttora continua a funzionare in quanto pur in presenza di un'emergenza nazionale (salute della popolazione e sostenibilità delle finanze pubbliche) nessuna forza politica si sogna di proporre tasse speciali sul cibo spazzatura e imposte personali ad hoc (health tax) che siano correlate al proprio stato di salute sul genere dell'ISEE.

Più sei obeso, più dovresti pagare. Potrebbe sembrare discriminatorio ed in taluni casi anche incostituzionale, ma rappresenta la strada obbligata per mantenere il sistema di assistenza sanitaria sostenibile generando consapevolezza e virtuosismo nei contribuenti. La finalità dell'imposta infatti indurrebbe il contribuente a conseguire comportamenti personali atti a monitorare e migliorare il più possibile il proprio stato di salute: di fatto la ricerca di un ottimale stato di benessere fisico rappresenta un interesse collettivo da difendere e preservare.

POSTFAZIONE

Sin dal primo percorso scolastico che attende un bambino durante la sua formazione giovanile si impara a dare un connotato negativo alla parola aristocrazia nel senso che dai sussidiari alle spiegazioni che propone diffusamente il corpo docente a questa voce viene associata un'immagine aberrante e controproducente, generalmente identificata in una forma di governo esercitata da nobili e ricchi. Sempre la scuola ci inculca che esiste qualcosa di antitetico al concetto di aristocrazia, vale a dire la democrazia che rappresenta invece il governo del popolo. Almeno così viene rappresentato: un termine pertanto che incorpora apparentemente il bene in assoluto. Purtroppo si tratta di una grande aberrazione lessicale.
Tanto per cominciare aristocrazia non significa il governo o il potere ai nobili o peggio ancora ai ricchi, quanto piuttosto ai migliori. Di questo siamo sicuri, senza dubbi alcuni, in quanto sono stati i filosofi greci, rispettivamente Platone ed Aristotele, a idearne il concetto.
L'aristocrazia è una forma di governo nella quale i migliori controllano interamente lo Stato: ha rappresentato la terza forma di governo in Europa per numerosi secoli assieme a monarchia e democrazia. Tuttavia si suole identificare impropriamente l'aristocrazia con la nobiltà in quanto nella maggioranza delle casistiche i parlamenti degli stati che in passato legiferavano erano composti da nobili.
Se andiamo indietro con i secoli scopriamo che la nobiltà ha origine da due filoni: uno cosiddetto divino (discendenza diretta dagli dei) che esisteva ancora

all'epoca degli egiziani; un altro invece di diritto che si acquisiva mediante lo svolgimento di funzioni di amministrazione del potere direttamente dal sovrano, come solitamente la concessione delle terre.

Potevano ricevere la migliore formazione scolastica ed accademica solo i figli di persone con titolo nobiliare: da qui in un certo senso possiamo ritrovare l'essenza originaria del pensiero dei primi filosofi greci, infatti nelle epoche passate i migliori erano le persone più istruite e più colte, mentre la moltitudine era analfabeta. Anche la Repubblica Serenissima di Venezia basava il funzionamento della sua governance su questo assunto: il Maggior Consiglio (l'organo sovrano preposto) era costuito solo da tutti i figli maschi e maggiorenni delle famiglie patrizie che governavano feudalmente i municipi di quell'antico stato preunitario italiano.

Appariva pertanto logico e di buon senso che a governare e legiferare fossero queste persone, se non altro per la loro dotazione e spessore intellettuale: questo non significa che non fossero corrotti o che non commettessero errori. La Rivoluzione Francese rompe questo paradigma, affermando i noti ideali di egualitè a cui una nazione deve ispirarsi. Visto da un'altra posizione le masse contadine insorgono contro le elite aristocratiche francesi, che vivevano di rendite fondiarie, in quanto a causa di pesanti carestie le derrate alimentari di base iniziano a scarseggiare.

Sono ancora i greci, tuttavia, che concepiscono politicamente la necessità di avere un processo decisionale efficiente per il governo di una polis (ossia una città-stato), creando al contempo le tecniche per la persuasione pubblica mediante argomentazioni razionali. Sempre loro si fanno ideatori della democrazia, quest'ultima concepita come potere al popolo e non governo del popolo. In tal senso il fine nobile della democrazia non doveva essere individuato in qualche dispositivo di governo quanto piuttosto nella ricerca del benessere per l'intera comunità evitando l'insorgere di conflittualità per interessi contrastanti tra singoli individui. Nella nostra epoca invece la democrazia con cui dobbiamo convivere tutti i giorni è solo il frutto di un retaggio storico riconducibile alle istanze rivoluzionarie francesi.

Nella storia della filosofia scopriamo che sono innumerevoli i pensatori che si dibattono proprio sulla essenza e validità della democrazia: tanto Aristotele quanto Kant intuiscono che la democrazia, in caso di corruzione dei costumi, si può trasformare spiacevolmente in oclocrazia o peggio in oligarchia consentendo pertanto ad una elite illuminata di governare sulla moltitudine per il perseguimento di soli interessi privati.

Quindi per numerosi secoli il governo di una nazione è stato competenza esclusiva di un ceto dirigente, accademicamente preparato e culturalmente istruito, che governava la nazione con un'idea identitaria unica. La democrazia odierna, nelle economie occidentali, che viene sbandierata come il bene imprescindibile in assoluto, scaturisce invece dal diritto al voto universale di masse popolari con livelli di QI costantemente in discesa.

I tanto decantati principi di uguaglianza hanno prodotto un sistema democratico di governo che oggi arriva all'assurdo di rimettere le decisioni critiche a persone incapaci ed incompetenti, tuttavia democraticamente elette. La democrazia, senza freni inibitori, ha permesso alle elite illuminate ed alle organizzazioni criminali di spartirsi ogni nazione come se fossimo ritornati all'età feudale, tuttavia non per il conseguimento di interessi nazionali, ma esclusivamente personali e lobbistici. Questa democrazia diventa lesiva, soprattutto se a votare viene chiamata una popolazione che costantemente viene intontita e raggirata da quelle stesse elite che hanno potuto prosperare ed affermarsi grazie alla stessa. La democrazia non funziona senza bastone, perchè altrimenti i cani iniziano a scannarsi vicendevolmente uno con l'altro, mentre il padrone dietro alle quinte si gode lo spettacolo.

NOTE SULL'AUTORE

Economista italiano seguace della dottrina malthusiana, autore di numerosi bestsellers di contenuto economico e finanziario, tra i primi financial influencers grazie ad una presenza copiosa e costante su YouTube.
Laureato in Economia Aziendale, trader professionista e gestore di patrimoni, vive e lavora tra Italia, Spagna e Malta, è considerato un vero e proprio guru finanziario grazie alla sua ineguagliabile capacità di lettura e sintesi del panorama finanziario e socioeconomico della nostra epoca.
Le sue opinioni appaiono sempre più spesso sulla stampa finanziaria di settore, autentico personaggio cult nei palinsesti televisivi dei talk show italiani: la sua figura è balzata agli onori delle cronache finanziarie per aver previsto e profetizzato con largo anticipo la crisi finanziaria del 2007/2008 con un pamphlet bestseller contro corrente scritto nel 2006 dal titolo "Aspettando un nuovo 1929" (Macro Edizioni).
Nel 2009 pubblica il pamphlet economico "Bancarotta" assieme a David Parenzo (Radio24) incentrato sulle conseguenze economiche della crisi sui mutui subprime negli States, nel 2010 dimostra ancora di essere in grado di leggere meglio di chiunque altro il panorama finanziario, pubblicando "L'Europa s'è rotta" anticipando in questo modo di un anno la crisi del debito sovrano europeo esplosa nell'estate dell'anno seguente.
Nel 2014 pubblica "La crisi infinita", sperimentando in questo modo tra i primi in Italia il potenziale del print on demand di Amazon, convertendo in poco tempo il libro in uno dei migliori long seller nella categoria

Macroeconomics del marketplace statunitense. Ricopre la carica di Presidente in **YouChain**, il primo incubatore finanziario in Italia strutturato in società per azioni, di cui lui stesso è fondatore ed azionista, ad investire istituzionalmente in digital assets sviluppati dalle blockchain di terza generazione (youchain.it). Il suo tour itinerante con live show di informazione e formazione finanziaria ha ormai attraversato tutta la penisola, spingendosi persino in numerose nazioni europee.

Le sue analisi macroeconomiche sono richieste da una pluralità di interlocutori economici differenziati: confindustria, confartigianato, banche di credito cooperativo, ordini professionali, università di stato, fondazioni di ricerca, forze politiche e scuole superiori. In Italia rappresenta il primo analista finanziario ad aver compreso e divulgato la mutazione genetica del Bitcoin trasformatosi oramai in uno strumento finanziario non regolamentato ad altissima volatilità.

La sua competenza e preparazione è dimostrata anche dalla nomina a consulente tecnico d'ufficio nei tribunali italiani in merito a liti e conflitti di interesse tra istituti di credito e soggetti privati.

Consapevole dell'eterno conflitto tra etica ed economia e portavoce di un nuovo pensiero di sviluppo economico realmente sostenibile a tutela della biodiversità ambientale, Eugenio Benetazzo supporta e sostiene l'attivismo politico ed il boicottaggio commerciale operati da PETA, LAV, Animal Equity e Greenpeace nella speranza che altri economisti ed operatori finanziari seguano il suo esempio e si facciano ambasciatori di una nuova coscienza collettiva.

FONTI DI INFORMAZIONE

- United Nations — www.un.org
- China Daily — www.chinadaily.com.cn
- Xinhua — www.xinhuanet.com
- Economist — www.economist.com
- Business Insider — www.businessinsider.com
- The Guardian — www.theguardian.com
- New York Times — www.nytimes.com
- WS Journal — www.wsj.com
- Financial Times — www.ft.com
- USA Today — www.usatoday.com
- The Indipendent — www.independent.co.uk
- Le Monde — www.lemonde.fr
- El Pais — www.elpais.es
- Russia Today — www.rt.com
- Wired — www.wired.com
- Reuters — www.reuters.com
- Milano Finanza — www.milanofinanza.it
- MarketWatch — www.marketwatch.com

ALTRE OPERE DELL'AUTORE

- **Duri e Puri, Aspettando un nuovo 1929**
  Editore: Macro Edizioni, 2006
  Autore: Eugenio Benetazzo
- **Best Before, Preparati al peggio**
  Editore: Macro Edizioni, 2007
  Autore: Eugenio Benetazzo
- **Banca Rotta**
  Editore: Sperling & Kupfer, 2008
  Autore: Eugenio Benetazzo, David Parenzo
- **L'Europa s'è rotta**
  Editore: Sperling & Kupfer, 2009
  Autore: Eugenio Benetazzo, David Parenzo
- **Padrone del tuo denaro**
  Editore: Sperling & Kupfer, 2010
  Autore: Eugenio Benetazzo
- **Era il mio paese**
  Editore: Baldini Castoldi, 2011
  Autore: Eugenio Benetazzo
- **Neurolandia**
  Editore: Chiarelettere, 2012
  Autore: Eugenio Benetazzo, Gianluca Versace
- **La crisi infinita**
  Editore: Create Space, 2014
  Autore: Eugenio Benetazzo
- **Eurocracy**
  Editore: Create Space, 2016
  Autore: Eugenio Benetazzo, Gianluca Versace

www.ingramcontent.com/pod-product-compliance
Lightning Source LLC
Chambersburg PA
CBHW021402210526
45463CB00001B/197